FORMAÇÃO BÍBLICA PARA CATEQUISTAS
Com dinâmicas e celebrações

Assessores da diocese de Caxias do Sul
Coordenação: Leomar Brustolin

FORMAÇÃO BÍBLICA PARA CATEQUISTAS

Com dinâmicas e celebrações

Dados Internacionais de Catalogação na Publicação (CIP)
(Câmara Brasileira do Livro, SP, Brasil)

> Brustolin, Leomar
> Formação bíblica para catequistas : com dinâmicas e celebrações / Assessoria da diocese de Caxias do Sul ; coordenação Pe. Leomar Brustolin — 6. ed. — São Paulo : Paulinas, 2014. — (Coleção catequistas de adultos)
>
> Bibliografia.
> ISBN 978-85-356-3721-2
>
> 1. Catequese - Igreja Católica - Ensino bíblico 2. Catequistas - Educação I. Assessoria da diocese de Caxias do Sul II. Brustolin, Leomar III. Série.
>
> 14-01511   CDD-268.3
>
> Índice para catálogo sistemático:
> 1. Catequistas : Formação bíblica : Educação religiosa : Cristianismo 268.3

Citações bíblicas: *Bíblia Sagrada* – Tradução da CNBB, 2. ed., 2002.

Direção-geral: *Flávia Reginatto*
Editora responsável: *Vera Ivanise Bombonatto*
Copidesque: *Denise Katchuian Dognini*
Coordenação de revisão: *Andréia Schweitzer*
Revisão: *Ana Cecilia Mari e Patrizia Zagni*
Direção de arte: *Irma Cipriani*
Gerente de produção: *Felício Calegaro Neto*
Capa e produção de arte: *Telma Custódio*
Ilustrações: *Soares*

Nenhuma parte desta obra poderá ser reproduzida ou transmitida por qualquer forma e/ou quaisquer meios (eletrônico ou mecânico, incluindo fotocópia e gravação) ou arquivada em qualquer sistema ou banco de dados sem permissão escrita da Editora. Direitos reservados.

6ª edição – 2014
4ª reimpressão – 2020

Paulinas
Rua Dona Inácia Uchoa, 62
04110-020 – São Paulo – SP (Brasil)
Tel.: (11) 2125-3500
http://www.paulinas.com.br – editora@paulinas.com.br
Telemarketing e SAC: 0800-7010081

© Pia Sociedade Filhas de São Paulo – São Paulo, 2004

APRESENTAÇÃO

A Igreja do Brasil, em seu processo de amadurecimento, está dando um grande passo rumo à vida adulta na fé, no testemunho e no serviço. Conhecer Jesus, seguir suas pegadas, assimilar seu ensinamento e deixar que ele viva em nós é indispensável para que possamos tornar-nos catequistas adultos na fé e capazes de acompanhar o itinerário daqueles que desejam vê-lo.

Os sacramentos, a Palavra de Deus e a oração são fontes perenes da fé da Igreja e tornam-se indispensáveis para quem quer entrar no discipulado de Jesus Mestre Caminho, Verdade e Vida e testemunhá-lo no ministério da catequese. Por isso, a coleção Catequistas de adultos oferece subsídios simples e profundos, no intuito de ajudar os grupos paroquiais, ou as escolas de catequese, no estudo orante e compartilhado.

"Declarai santo, em vossos corações, o Senhor Jesus Cristo e estai sempre prontos a dar a razão da vossa esperança a todo aquele que a pedir" (1Pd 3,15).

O apóstolo Pedro faz um convite a todo cristão: estar pronto a dar a razão de nossa esperança – O Cristo! Essa verdade queremos comunicar às gerações futuras, da mesma forma como a recebemos de nossos pais.

A catequese é o lugar privilegiado para comunicar a experiência da fé. Aprofundar com os catequistas os conteúdos catequéticos é garantir a excelência da evangelização. Com a formação bíblica, pretende-se fazer ecoar na vida dos catequistas o som dos passos do Povo de Deus, de Jesus Cristo e daqueles que o seguiram, cujas pegadas estão impressas na Bíblia.

Atento ao apelo de evangelizar e catequizar, o curso de teologia para leigos da diocese de Caxias do Sul, por meio de uma equipe de leigos e leigas, elaborou este livro. O grupo aprofundou os temas bíblicos e sentiu a necessidade de compartilhar sua fé e experiência de amor à Palavra de Deus. O objetivo é auxiliar os catequistas na formação permanente e subsidiar atividades e espiritualidade para os encontros.

Esperamos que a iniciativa desperte em todos nós o desejo de aprofundar mais e continuamente a Palavra de Deus, para cumprir sua vontade.

Leomar A. Brustolin

I – A HISTÓRIA DO POVO DE DEUS

1 – A BIBLIOTECA DE DEUS PARA NÓS

A) O significado da palavra *bíblia*

A palavra *bíblia* vem do termo grego *bíblos*, que significa *"o livro"*. Embora seja um volume apenas, a Bíblia, na verdade, contém muitos livros; é uma verdadeira biblioteca. A tradução da Bíblia que é usada na Igreja católica contém 73 livros, escritos por muitos autores inspirados por Deus.

B) A divisão dos textos

A Bíblia é formada por dois grandes blocos de livros chamados Testamentos: o Antigo, que se refere à história do povo de Israel, atualmente também chamado de Primeiro Testamento, e o Novo, que conta a vida de Jesus e das primeiras comunidades cristãs, hoje também chamado Segundo Testamento. A maioria dos livros do Primeiro Testamento é aceita por judeus e cristãos, enquanto o Novo Testamento é aceito somente pelos cristãos.

O Antigo Testamento constitui a maior parte da Bíblia. É formado por 46 livros, que foram escritos, aproximadamente, entre os anos 980 a.C. e 50 a.C.

C) Quando a Bíblia começou a ser escrita

Antes de a Bíblia ter sido escrita, ela foi narrada. A isso, damos o nome de tradição oral da Bíblia. Durante séculos, a fé de Israel foi comunicada de pais para filhos, contada e recontada de geração em geração (cf. Sl 78).

No reinado de Salomão, os escribas da corte começaram a reunir os relatos que até então haviam sido comunicados oralmente. Atribuíram-se a Salomão a preocupação e a iniciativa de registrar em livros a tradição religiosa de Israel.

A ordem em que os livros se encontram dispostos na Bíblia nem sempre segue a cronologia histórica. O primeiro livro a ser escrito não foi o Gênesis, e, sim, alguns textos do Êxodo. Isto porque o episódio do êxodo foi fundamental para a história de Israel. A experiência de Deus, feita pelo povo, chegou a seu ponto culminante no processo de libertação da escravidão do Egito e de caminhada para a liberdade, rumo à Terra Prometida, "uma terra onde corre leite e mel". Nesse processo, o povo descobriu e acolheu a revelação do mistério de Javé, o Deus que vê a situação do povo, escuta o clamor e vem ao seu encontro para libertá-lo da opressão egípcia e conduzi-lo a uma nova realidade de vida e libertação. O êxodo é a experiência do Deus libertador. Este é o momento que pode ser chamado de fundação do povo de Israel. O último livro escrito foi o da Sabedoria.

O Novo Testamento é formado por 27 livros, todos escritos depois do nascimento de Jesus Cristo. Eles falam de Jesus e das primeiras comunidades cristãs. Inicialmente foram escritas as cartas de Paulo, aproximadamente vinte anos após a morte e ressurreição de Jesus, e o último livro, o Apocalipse, foi concluído talvez cerca de 115 d.C.

D) As línguas da Bíblia

A Bíblia foi escrita em três línguas diferentes: hebraico, aramaico e grego. O Antigo Testamento, na sua maior parte, em hebraico e aramaico, que eram as línguas da região onde o povo habitava. Quando a Palestina foi invadida pelos gregos, pelo ano 333 a.C., difundiu-se no país a língua grega. Todo o Novo Testamento foi escrito em grego, pois a maioria dos livros se dirigia a pessoas que não conheciam o aramaico nem o hebraico.

E) As traduções

Com o passar do tempo foi preciso traduzir a Bíblia do hebraico para o grego, pois o hebraico já não era mais a língua falada pelo povo. A mais famosa tradução grega é a Bíblia *Septuaginta,* ou Bíblia dos Setenta, escrita por setenta sábios, em Alexandria, no Egito, por volta do ano 250 a.C. A essa versão foram acrescentados sete livros que não constavam da Bíblia hebraica: Tobias, Judite, Baruc, Eclesiástico, Sabedoria e 1 e 2 Macabeus, além de trechos dos livros de Daniel e de Ester. Esses livros foram escritos em grego (ou talvez os originais hebraicos tenham se perdido) por judeus que moravam fora de Israel, os chamados judeus da *diáspora* – palavra grega que significa "dispersão". Porém, nunca foram aceitos pelo povo hebreu como autênticos, ou seja, verdadeiramente inspirados por Deus.

F) Bíblia "católica" e Bíblia "evangélica"

A diferença que existe entre a Bíblia "católica" e a Bíblia "evangélica" está no Antigo Testamento, pois os evangélicos adotam a tradução da Bíblia hebraica, que só contém os livros escritos em hebraico. A Bíblia "católica" segue a versão grega, portanto, possui os sete livros citados no item anterior.

G) Os livros apócrifos

Muitos escritos contemporâneos aos livros bíblicos não foram inseridos na Bíblia e são considerados *apócrifos* — palavra grega que significa "escondido" ou "secreto", mas neste caso adquiriu o sentido de "falso", indicando, portanto, os livros de origem incerta, não inspirados por Deus nem dignos de inclusão no conjunto dos livros autênticos da Bíblia. Existem livros apócrifos do Antigo e do Novo Testamento; os mais conhecidos são o *Protoevangelho de Tiago* e o *Evangelho secreto da Virgem Maria*.

H) O simbolismo bíblico

A Sagrada Escritura possui uma linguagem oriental, repleta de simbologia. Não se trata de um livro científico ou que tenha pretensão de narrar acontecimentos com precisão rigorosa. Pelo contrário: com os relatos de fatos históricos, encontram-se poesias, parábolas, números e expressões totalmente simbólicas. O número sete, por exemplo, significa a perfeição, a totalidade e a plenitude; o número quarenta significa o tempo necessário para a purificação do passado e a geração de vida nova. A citação de elementos da natureza, como nuvens, fogo, ventos, trovões, brisa, entre outros, significa a presença de Deus em determinado momento e local.

2 – DEUS SE COMUNICA EM NOSSA LINGUAGEM

A) Inspiração divina

Dizer que a Bíblia foi um livro escrito sob a inspiração divina não significa dizer que Deus escolheu algumas pessoas bem instruídas, deu-lhes papel e caneta e ditou-lhes tudo quanto queria que fosse escrito. A inspiração divina deve ser compreendida como a voz de Deus que fala ao coração humano e desperta-o para compreender a vontade e os desígnios divinos dentro de uma cultura, de um contexto e de uma mentalidade.

A Bíblia é o registro, à luz da fé, de experiências vividas por mulheres e homens em épocas, lugares e situações diferentes. Eram pais e mães de família, gente instruída e gente simples. Esses homens e mulheres de fé contavam e recontavam histórias que tinham ouvido, nas quais lembravam a presença e a ação de Deus, que inspirava e conduzia o povo.

B) Autores humanos

A Bíblia foi escrita em mutirão. A grande maioria de seus livros foi composta com o envolvimento de muitas pessoas. Nem sempre um livro da Bíblia que traz o nome de um autor foi escrito por essa pessoa, pois era costume colocar o nome de pessoas influentes para que o livro fosse aceito e lido. Essa prática literária chama-se *pseudonímia*, palavra de origem grega que significa "nome falso" ou "adotado". Tomemos como exemplo o evangelho de Marcos: provavelmente escrito por diversas pessoas que faziam parte de uma comunidade cristã fundada ou liderada por ele, discípulos que foram catequizados e ouviram da boca dele as histórias sobre a Boa-Nova de Jesus. Com o passar dos anos, a comunidade preocupou-se em escrever todos aqueles ensinamentos. Por fim, usando o costume da pseudonímia e também como uma forma de homenagem ao seu idealizador, o escrito foi atribuído a Marcos.

Grande parte dos livros do Antigo Testamento foi escrita na terra de Israel, na qual se formou e viveu o povo da Bíblia; lugar onde Jesus nasceu, viveu, anunciou o Reino, morreu e ressuscitou.

3 – DEUS SE REVELOU AO POVO DE ISRAEL

Israel é o nome de um dos povos que habitou a região onde a história da Bíblia foi intensamente vivida e escrita. Nessa terra ocorreu a maioria dos fatos narrados no Antigo e também no Novo Testamento.

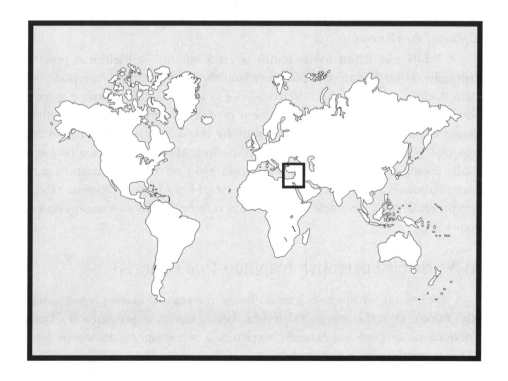

Israel fica situada no hemisfério Norte, no Oriente Médio (ver no mapa-múndi), e ocupa um território muito pequeno. Para se ter uma idéia de quanto é pequena sua extensão, basta lembrar que o território caberia quatrocentas vezes dentro do Brasil.

No decorrer de sua longa história, a terra de Israel recebeu muitos nomes, os quais são referidos na Bíblia, cada um indicando um período histórico: Canaã (cf. Ex 15,15); Palestina, Reino de Israel e Reino de Judá; Terra Prometida, Terra Santa. A partir de 1947, Israel passou a ser oficialmente reconhecido pelas Nações Unidas como Estado de Israel.

O nome Israel compõe-se de duas palavras da língua hebraica: *sara*, que significa "lutar", e *el*, que quer dizer "deus" ou "divindade". Deus mudou o nome de Jacó para Israel, que é traduzido por "Deus lutará" ou, ainda, "que Deus se mostre forte".

4 – AS ORIGENS: OS RELATOS DA CRIAÇÃO

Em determinada época da história, o povo da Bíblia começou a se perguntar a respeito da origem, não só das tribos de Israel, como de toda a Criação. Os sábios daquele tempo procuraram responder à pergunta com uma linguagem simbólica, atribuindo a origem da humanidade a um único casal, como se pode ler nos relatos da Criação, nos dois primeiros capítulos do Gênesis.

A Bíblia não é um livro científico. Para entendê-la melhor é preciso distinguir o que é exato do que é verdadeiro. Exato é tudo o que pode ser visto, tocado e comprovado. Verdadeiro é o que traz dinamismo e gera o novo na vida das pessoas, mesmo sem provas materiais. Não é cientificamente exata a linguagem com que a Bíblia relata a criação do mundo em sete dias e a criação do homem e da mulher. Mas é verdadeiro o que a Bíblia afirma acerca da criação do mundo e do ser humano, usando para isso a cultura e a linguagem do povo de Israel e a forma como seus sábios compreenderam a revelação de Deus e a relação inicial dos antepassados com ele.

A) A primeira narrativa (capítulo 1 do Gênesis)

"Façamos o ser humano à nossa imagem e segundo nossa semelhança" (Gn 1,26a). O verbo no plural indica, veladamente, a presença do Deus Trindade no ato criador, fazendo a criatura à sua imagem, dotada de inteligência, sentimento e liberdade.

O relato é um poema catequético. Tem um ritmo que facilita a memorização. Por isso repete sempre as palavras-chave, organizando a ação de Deus em sete dias, os quais revelam situações que o povo estava vivendo na época do exílio na Babilônia e da volta para Jerusalém.

No primeiro dia separa-se a luz das trevas. Quando o poema foi escrito, o povo de Deus tinha urgente necessidade de luz e discernimento. No segundo dia, foram feitos o firmamento e as águas. No terceiro, foi separada a terra do mar. Essa expressão reflete a necessidade que o povo exilado sentia de voltar a ter um chão firme. No quarto dia, Deus criou os luzeiros: Sol e Lua. O povo, de volta do exílio, precisava reorganizar a vida litúrgica, a qual era regulada pela lua, pelo anoitecer e pelo amanhecer. No quinto dia, Deus criou os seres vivos. No sexto dia, a terra produziu plantas de diversas espécies e Deus fez o ser humano à sua imagem e semelhança. No sétimo dia, o Criador repousou de sua atividade, contemplou a Criação e regozijou-se com ela, porque viu que tudo era bom. Por esse motivo, o povo judeu, até hoje, observa o sábado como dia de descanso, agradecimento e comunhão com Deus. Para nós, cristãos, porém, após a ressurreição de Jesus no primeiro dia da semana, a data principal de santificação do Dia do Senhor passa a ser o domingo, palavra que vem do latim – *Dominus Dei* – e significa "Dia do Senhor".

Ao ler a Bíblia, é preciso ter em mente que os judeus, que a escreveram, usam números simbólicos. Assim como nós usamos expressões para simbolizar quantidades, como, por exemplo: "a três por quatro" e "pra mais de metro", quando o judeu quer indicar uma quantidade perfeita, usa o número sete. Sete dias são o tempo suficiente para a criação de um universo perfeito, setenta vezes sete é a quantidade certa de vezes para perdoar, isto é, perdoar infinitamente. Por isso, não é correto interpretar literalmente os números da linguagem bíblica. O que são sete dias para Deus, que está acima do tempo?

Com isso, não se quer dizer que o Gênesis não foi inspirado por Deus e está errado porque não condiz com a realidade. Ao contrário, a ciência mostra que a seqüência relatada nos sete dias da Criação é perfeitamente coerente com a teoria da evolução das espécies, conhecimento esse que o ser humano não podia ter na época.

Conclui-se que o relato bíblico não é oposto às descobertas científicas e que sua forma literária revela Deus agindo no processo de formação do universo, por isso não se pode usar o texto de forma fundamentalista, como se fazia há algum tempo. O fundamentalismo é a crença de que tudo aconteceu exatamente como aparece na Bíblia. Essa mentalidade vem da falta de conhecimento. Na Idade Média podia ser condenado à fogueira quem ousasse sugerir que Adão e Eva não tinham sido apenas um homem e uma mulher, mas a figura dos primeiros seres humanos capazes de raciocinar e reconhecer Deus. Atualmente, as ciências ajudam a compreender a situação na qual a Bíblia foi escrita e a descobrir o ensinamento verdadeiro que está por trás dos relatos.

B) A segunda narrativa (Gn 2,4bss)

Deus modelou o ser humano em barro, isto é, mortal, feito da mesma matéria da terra e dos outros seres vivos. Humano é uma palavra derivada do latim e tem a mesma raiz de *húmus*, que significa "matéria orgânica", "terra fértil". Significado semelhante tem a palavra hebraica *adamá* ou Adão: o filho da terra, isto é, a fertilidade, a vida que brota da terra. O relato bíblico apresenta em seguida a criação da mulher, tirada da costela do homem, ou seja, do lado, em igualdade de condições.

O jardim, criado por Deus para o ser humano, é o *éden*, palavra hebraica que significa paraíso. No meio dele, a árvore da ciência é a imagem de uma natureza perfeita, que perde a harmonia no momento em que o ser humano escolhe o pecado. O fruto da árvore da ciência é o conhecimento do bem, do mal e da morte.

A serpente é o símbolo clássico da traição, também escolhida para representar o mal porque era venerada por povos vizinhos a Israel e seu culto atraía o povo de Deus para a idolatria.

A sensação de estar despidos, sentida por Adão e Eva após terem comido o fruto da árvore, é o conhecimento da situação que o pecado gerou: o sentimento claro de estar fora de lugar, em desarmonia com o paraíso criado por Deus, no qual não existia egoísmo, orgulho e cobiça.

Caim e Abel não são os filhos únicos de Adão e Eva, pois naturalmente não teriam continuidade biológica. Representam, isso sim, em Caim, aquele que não tem comunicação com Deus e alimenta no coração inveja, ciúme e ódio, a ponto de tirar a vida do semelhante. Abel é aquele que está em sintonia com Deus. A primeira vez que a palavra pecado aparece na Bíblia é em um contexto social: a morte entre irmãos.

C) O "não" do coração humano – o pecado (Gn 3,1-24)

O livro do Gênesis revela a responsabilidade do ser humano perante o mal que existe no mundo. Quem o escreveu também quis mostrar que "algo estava errado", porque o povo de Deus não seguia o caminho do bem, da justiça, do amor... Era preciso chamar a atenção do povo e explicar que Deus não quer o inferno, mas o paraíso para seus filhos e filhas. Foi o ser humano que, com seu "não", mudou o curso do projeto de Deus. O livro do Gênesis parte da idéia do paraíso, que significa justamente projeto de Deus. O livro mostra que as coisas, do jeito como estavam, não favoreciam a realização do projeto.

O pecado existe desde a origem do ser humano. Por isso é usada a expressão "pecado original". A raiz do mal está na escolha errada que a pessoa faz diante de Deus, pois recusa assumir sua condição de criatura e tenta ocupar o lugar do Criador.

O que representa a serpente?

Para o povo hebreu, como para nós, a cobra é um animal traiçoeiro que pode causar a morte. Além disso, a serpente era o símbolo da religião cananéia. Os hebreus haviam vencido o povo cananeu, ao tomarem a terra, mas, entre os israelitas, foi insinuando-se a serpente tentadora, isto é, a religião pagã com práticas de magia. Pouco a pouco, a serpente foi tida como símbolo de todo o mal que afasta as pessoas do caminho de Deus. No livro do Apocalipse, o símbolo da serpente é ampliado e ela se torna um grande dragão (cf. Ap 12,9) que representa Satanás, isto é, a força do pecado e da morte que se opõe ao projeto de Deus.

5 – DEUS RENOVA A ALIANÇA (Gn 6,5-8)

O relato do dilúvio diz que toda a humanidade, todos os outros seres vivos, tudo, enfim, teria morrido, exceto Noé, sua esposa, os três filhos – Sem, Cam e Jafé –, as noras e os animais que haviam entrado com eles na arca.

Noé era um homem justo e temente a Deus. O Senhor lhe disse:

> Constrói para ti uma arca. (...) E eu, eu vou mandar um dilúvio sobre a terra, a fim de exterminar toda a carne com sopro de vida debaixo do céu. Tudo o que existe na terra perecerá. Contigo, porém, estabelecerei minha aliança: entrarás na arca com teus filhos, tua mulher e as mulheres de teus filhos. E de cada ser vivo, de tudo que é carne, farás entrar contigo na arca, dois de cada espécie, um macho e uma fêmea, para conservá-los vivos. Quanto a ti, recolhe de tudo o que se pode comer e armazena-o junto a ti, para servir de alimento a ti e a eles (Gn 6,14.17-19.21).

Foi como se, por meio dos filhos de Noé e de todos os que saíram da arca com ele, Deus tivesse renovado seu ato criador. Todos os homens e mulheres são "adão" e "eva", pois o nome Adão quer dizer ser humano, solo fértil, e Eva significa viver, gerar vida.

6 – PATRIARCAS, OS PAIS DA FÉ (Gn 9,1;10,1- 32; 12,1-5.18)

Conta o livro do Gênesis que Noé e sua família deram origem à nova humanidade que povoou a terra. Segundo a descendência encontrada no relato bíblico, os israelitas são da linhagem de Sem, por isso são chamados também semitas. Abraão faz parte dessa descendência e é considerado o *patriarca,* palavra grega que significa primeiro pai, pois com ele e Sara, sua esposa, teve início o povo da Bíblia. De Sem, filho de Noé, tiveram origem Abraão, Isaac e Jacó. Os doze filhos de Jacó deram origem às doze tribos de Israel.

As narrativas que falam dos patriarcas acentuam as alianças de Deus: inicialmente a promessa de uma grande descendência a Abraão e a bênção de um grande nome; depois, a confirmação da promessa a Isaac, filho de Abrão e Sara, e a Jacó, filho de Isaac e Rebeca. Mais tarde, Jacó será chamado Israel. Esses três primeiros personagens viveram uma relação excepcional com Deus, a ponto de o povo relacionar completamente a revelação de Deus à experiência que eles fizeram. É constante na Bíblia a expressão: "Deus de Abraão, de Isaac e de Jacó".

Um grande número de estudiosos, hoje, observa que o tempo que abrange as narrativas patriarcais é muito longo. Conclui-se, portanto, que essa não é a história de uma família, na qual se sucederam gerações, mas, sim, de um agrupamento de povos com diferentes origens, situados em regiões diversas.

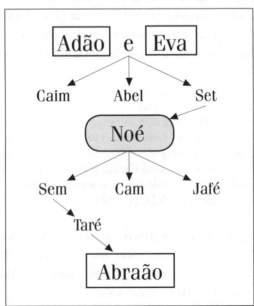

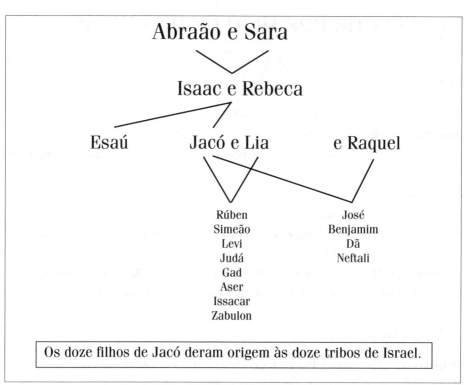

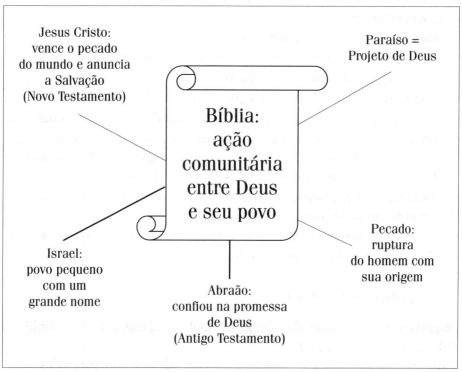

7 – REFLETIR POR MEIO DE DINÂMICAS

1) Os bichos

Objetivo: organizar duplas de trabalho de forma criativa e divertida.
Iluminação bíblica: Gn 6,5ss – a narrativa do dilúvio.
Materiais: cartões com figuras ou nomes de animais, sendo dois cartões para cada animal.
Desenvolvimento:
- Distribuir os cartões em envelopes fechados.
- Pedir que todos fiquem distantes uns dos outros, espalhados pela sala.
- A um sinal combinado, cada um imita o som ou gesto referente a seu animal e sai à procura de seu par. À medida que se encontram, reúnem-se para leitura ou conversa acerca do tema a ser estudado.

2) Os jornais

Objetivo: relacionar a Palavra de Deus com o contexto em que se vive.
Materiais: diversos tipos de jornais com notícias variadas.
Desenvolvimento:
- Colocar os jornais no centro da sala.
- Convidar os participantes a escolher uma página de jornal.
- Deixar que leiam em voz baixa as notícias.
- Pedir que leiam em voz alta algumas manchetes.
- Convidar todos a rasgar o jornal em pedacinhos e escutar o barulho.
- Pedir a cada participante que construa, com os pedacinhos de papel, um símbolo daquilo que sentiu ao ler e ouvir as realidades do mundo. Pode ser, por exemplo, coração, sol, chuva, flores etc.
- Momento de partilha e de reflexão — O que é mais fácil: rasgar e amassar ou construir? Por quê?
- Pedir às pessoas que lembrem mensagens bíblicas as quais possam iluminar a realidade que foi compartilhada.

3) Disponível como a argila

Objetivo: refletir acerca da relação pessoal com Deus e da disponibilidade a quem precisa de ajuda.
Material: argila ou massa de modelar em quantidade suficiente para todos.

Desenvolvimento:
- Distribuir a argila e estimular os participantes a modelarem algo, lembrando-se de como o oleiro separa o que não está bom no barro, amassa com cuidado e cria a forma desejada.
- Com uma música de fundo, deixar que todos modelem o que quiserem.
- Convidar o grupo a repetir a oração:
  "Ó Divino Criador e Pai, permite que se cumpra em mim a obra que começaste. Que o teu projeto seja o meu projeto de vida. Ensina-me a ser dócil ao teu Espírito de amor e que eu me deixe modelar conforme teu plano de vida, de solidariedade, de justiça e de paz. Amém".
- Para encerrar a dinâmica, pedir aos participantes que troquem entre si os objetos modelados, como sinal de que o projeto do Pai é o amor e a partilha fraterna.

8 – MOMENTO DE ESPIRITUALIDADE

Salmo 8 – O ser humano reflete em si a grandeza de Deus

"Ó Senhor, nosso Deus, como é glorioso teu nome em toda a terra!
Sobre os céus se eleva a tua majestade!
Da boca das crianças e dos lactentes te procuras um louvor contra os teus adversários,
Para reduzir ao silêncio o inimigo e o rebelde.
Quando olho para o teu céu, obra de tuas mãos, vejo a lua e as estrelas que criaste:
Que coisa é o homem, para dele te lembrares, que é o ser humano, para o visitares?
No entanto o fizeste só um pouco menor que um deus, de glória e de honra o coroaste.
Tu o colocaste à frente das obras de tuas mãos.
Tudo puseste sob os seus pés: todas as ovelhas e bois, todos os animais do campo, as aves do céu e os peixes do mar, todo o ser que percorre os caminhos do mar.
Ó Senhor, Senhor nosso, como é glorioso o teu nome em toda a terra!"

Celebração da luz – Os sete dias da Criação (Gn 1,1-31; 2,1-7)

Pontos básicos para trabalhar a celebração:
- Colocar no ambiente os símbolos de cada dia da Criação.
- Distribuir uma vela apagada para cada pessoa.
- Em lugar de destaque, colocar o círio pascal ou uma vela grande, que será acesa antes das outras.

Início da celebração:

Primeiro dia: Deus criou a luz – uma vela grande acesa, simbolizando a criação da luz, acenderá as velas dos participantes.

Segundo dia: Deus criou a água – passar de mão em mão um recipiente com água.

Terceiro dia: Deus criou a terra e a vegetação – passar o recipiente com terra e uma planta ou flor.

Quarto dia: Deus criou o Sol e a Lua, o dia e a noite – apagar e acender as luzes da sala.

Quinto dia: Deus criou os animais marinhos e as aves – passar ilustrações de animais.

Sexto dia: Deus criou o ser humano – pedir a cada pessoa que diga em voz alta o próprio nome.

Sétimo dia: Deus viu que toda sua obra era boa e bonita – passar de mão em mão um vaso ou outro objeto (que possa depois ser quebrado).

Após o processo da Criação, iniciou-se a violência contra a obra de Deus:

Poluição das águas – sujar a água com tinta escura.

Contaminação do solo – derramar o vaso de terra com a planta.

Agressão aos animais – rasgar as ilustrações de animais.

A escuridão – apagar as velas e a luz da sala e pedir às pessoas que nomeiem formas atuais de escuridão: droga, violência, guerras, ganância, egoísmo...

Desarmonia na Criação, ruptura da Aliança com Deus – jogar com força o vaso no chão, para que se quebre.

- Selecionar música apropriada para a entrada de Jesus.
- Alguém entra trazendo o crucifixo. Acender o círio pascal e, nele, todas as demais velas.
- Colar as partes do vaso ao som de um fundo musical: deixar que as pessoas meditem sobre o gesto e compartilhem seus sentimentos.

9 – AVALIAÇÃO

- Por que a Bíblia é a Palavra de Deus? Como ela foi escrita?
- Quais fatos mostram a presença de Deus na história da humanidade?
- O que mais chama atenção no relato da Criação?
- Quem é o povo de Israel?
- O que representa a serpente no contexto bíblico?
- O que representa a narrativa da arca de Noé?
- O que se entende por patriarcas? Quem foram eles?

II – ÊXODO: O CAMINHO DA LIBERTAÇÃO

1 – DA ESCRAVIDÃO PARA A LIBERDADE

A) A opressão no Egito

"Nós éramos escravos do Faraó no Egito, e o Senhor nos tirou do Egito com mão poderosa" (Dt 6,21).

As famílias descendentes de Jacó (chamado por Deus de Israel) cresceram e se multiplicaram no Egito, até se tornarem um povo (cf. Ex 1,1-7). Nos capítulos 37 a 50 do livro do Gênesis é narrada a história que justifica a escravidão do povo que lá vivia. Na história dos patriarcas destaca-se o conflito ocorrido na família de Jacó por ocasião da venda de José pelos irmãos aos mercadores do Egito. Muito tempo depois, uma seca prolongada assolou a Palestina, terra de Jacó, obrigando os irmãos de José e o próprio pai a buscarem refúgio no Egito, onde o filho que havia sido vendido como escravo se tornara o administrador no palácio do faraó. José acolheu a família e seguiu-se um tempo de paz. Quando ele morreu, o povo, já muito numeroso, foi visto como ameaça ao poder do faraó. O livro do Êxodo abre a narrativa dizendo que o povo começou a trilhar um caminho difícil de submissão e de falta de segurança (cf. Ex 1,8-14).

Várias formas de opressão foram impostas. Além de sobrecarregar o povo, o faraó o impediu de crescer, mandando que fossem mortos os meninos recém-nascidos: é o controle demográfico. Tal atitude evidencia que o opressor tem um projeto de morte e não de vida, porque seu objetivo é acumular e não repartir (cf. Ex 1,15-16.22).

B) A libertação com Moisés, o líder do Êxodo

Diante da opressão insustentável, surgiram sinais de reação. As parteiras recusaram-se a obedecer à ordem do faraó, de eliminar os meninos (cf. Ex 1,17). Foi a fé que as fez perceber que o Deus da vida é mais importante do que o faraó que ordenara a morte. Assim, foi poupado o futuro líder Moisés, que iria guiar os israelitas para a liberdade, através do deserto, até as fronteiras de Canaã.

Nascido do povo hebreu e criado pela filha do faraó, Moisés foi educado como um príncipe egípcio. Já adulto, ficou revoltado com a maneira cruel como eram tratados os hebreus e matou um supervisor dos trabalhadores (cf. Ex 2,11-12). Quando a notícia chegou aos ouvidos do faraó, Moisés fugiu e passou a viver como pastor no deserto, onde se casou com a filha de Jetro, o sacerdote de Madiã, que o havia hospedado. Longe dos irmãos e da corte, ele realiza a experiência de encontro com Deus, que o levaria a liderar o movimento de libertação.

Deus manifestou-se a Moisés na montanha do Sinai. Conforme o relato bíblico, Moisés não viu Deus, e, sim, um fenômeno misterioso: um fogo que não consumia a sarça. Esse Deus trouxe a grande revelação: "O Senhor lhe disse: 'Eu vi a opressão de meu povo no Egito, ouvi os gritos de aflição diante dos opressores e tomei conhecimento de seus sofrimentos. Desci para libertá-los das mãos dos egípcios e fazê-los sair desse país para uma terra boa e espaçosa, terra onde corre leite e mel'" (Ex 3,7-8).

C) Quem é esse Deus?

Deus se revela como alguém presente. Sua descida é para estar no meio do povo e, aliado a ele, construir uma nova história. No capítulo 3 do livro do Êxodo, ele diz: "Eu sou aquele que sou" (Ex 3,14). Logo depois, diz simplesmente: "Eu sou". Isso pode ser entendido de várias maneiras: eu existo; eu serei quem estou sendo; eu sou aquele que faz ser; eu estou presente. O Deus verdadeiro se revela como aquele que está ligado ao ato da libertação. Identifica-se com o nome de Javé (cf. Ex 3,15). É com esse nome que ele quer ser lembrado: Javé, o Deus que liberta.

D) O projeto da libertação

Diante do arbusto que ardia em fogo, mas não se consumia, Moisés entendeu que Deus lhe estava falando. Deus disse-lhe que voltasse ao Egito e pedisse ao faraó para libertar o povo (cf. Ex 3,18). Moisés foi, mas o faraó não permitiu a saída do povo. Diante da recusa, o texto bíblico descreve as dez pragas e faz uma interpretação de fenômenos naturais, mostrando que a própria natureza é aliada de Deus e também se desequilibra, podendo se tornar destruidora e castigando, dessa forma, o ser humano quando opta pelo mal.

Após muito sofrimento do povo egípcio, finalmente o faraó consentiu que Moisés saísse com os israelitas. Mas logo mudou de idéia e perseguiu-os até o mar Vermelho, cujo nome na época era mar dos Juncos. Os israelitas conseguiram atravessar o mar e entrar no deserto, enquanto o exército e o próprio faraó morreram na travessia. Na memória do povo, a passagem pelo mar Vermelho foi a entrada no caminho da liberdade (cf. Ex 14–15). A libertação aconteceu com a ajuda direta de Deus, mas também com a luta desse mesmo povo. Por isso a Páscoa judaica é uma celebração da vitória de Deus e da vitória humana.

O mar Vermelho, na realidade, era um banhado onde as águas subiam e desciam de acordo com a maré. Nele havia muitos juncos (plantas). Quando os israelitas atravessaram o mar, a maré estava baixa, o vento era favorável e a lua iluminava a passagem. Mais tarde, quando chegou o exercito do faraó, a maré subiu e os carros e cavaleiros atolaram.

2 – O DEUS DA ALIANÇA

A) A coragem de sair

A palavra *êxodo* vem da língua grega e significa "caminho de saída". O livro tem esse nome porque começa narrando como os hebreus, liderados por Moisés, saíram da terra do Egito, onde eram escravos. Isso ocorreu por volta do ano 1250 a.C. Vejamos o relato:

> Moisés era pastor das ovelhas de Jetro, seu sogro, sacerdote de Madiã. Certo dia, levou as ovelhas deserto adentro e chegou ao monte de Deus, o Horeb. Apareceu-lhe o anjo do Senhor numa chama de fogo, do meio de uma sarça. Moisés notou que a sarça estava em chamas mas não se consumia. Pensou: "Vou aproximar-me para admirar esta visão maravilhosa: como é que a sarça não pára de queimar?" Vendo o Senhor que Moisés se aproximava para observar, Deus o chamou do meio da sarça: "Moisés! Moisés!" Ele respondeu: "Aqui estou!". Deus lhe disse: "Não te aproximes daqui! Tira a sandália dos pés, porque o lugar onde estás é chão sagrado". E acrescentou: "Eu sou o Deus de teu pai, o Deus de Abraão, o Deus de Isaac, o Deus de Jacó". Moisés cobriu o rosto, pois temia olhar para Deus (Ex 3,1-6).
>
> "O grito de aflição dos israelitas chegou até mim. Eu vi a opressão que os egípcios fazem pesar sobre eles. E agora, vai! Eu te envio ao faraó para que faças sair o meu povo, os israelitas, do Egito." Moisés disse a Deus: "Quem sou eu para ir ao faraó e fazer sair os israelitas do Egito?". Deus lhe disse: "Eu estarei contigo; e este será para ti o sinal de que eu te envio: quando tiveres tirado do Egito o povo, vós servireis a Deus sobre esta montanha" (Ex 3,9-12).

B) O Deus do Sinai

Conhecer a mensagem do Êxodo é indispensável para entender o significado de toda a Bíblia, pois nesse livro está fundamentada a idéia que se tem de Deus, tanto no Antigo como no Novo Testamento. A mensagem do Êxodo é a revelação do nome do Deus verdadeiro: *Javé*, o Deus libertador. Essas idéias aparecem no seguinte texto:

> Moisés disse a Deus: "Mas, se eu for aos israelitas e lhes disser: 'O Deus de vossos pais enviou-me a vós', e eles me perguntarem: 'Qual é o seu nome?', que devo responder?". Deus disse a Moisés: "Eu sou aquele que sou". E acrescentou: "Assim responderás aos israelitas: 'Eu sou' envia-me a vós". Deus disse ainda a Moisés: "Assim dirás aos israelitas: o Senhor, o Deus de vossos pais, o Deus de Abraão, Deus de Isaac e Deus de Jacó, enviou-me a vós. Este é o meu nome para sempre, e assim serei lembrado de geração em geração" (Ex 3,13-15).

Javé é o único Deus que ouve o clamor do povo oprimido e liberta-o para estabelecer com ele uma aliança e lhe dar leis que transformem as relações entre as pessoas. Vejamos:

> Vistes o que fiz aos egípcios, e como vos levei sobre asas de águia e vos trouxe a mim. Agora, se realmente ouvirdes minha voz e guardardes a minha aliança, sereis para mim a porção escolhida entre todos os povos. Na realidade é minha toda a terra, mas vós sereis para mim um reino de sacerdotes e uma nação santa. São essas as palavras que deverás dizer aos israelitas (Ex 19,4-6).

A aliança entre Javé e o povo tem duas dimensões:

Princípios de vida – o *Decálogo*, palavra grega que significa as dez palavras, traz dez atitudes que orientam o povo para um ideal de sociedade justa e igualitária, baseada na fé: Normalmente se chamam dez mandamentos: "Moisés ficou ali com o Senhor quarenta dias e quarenta noites, sem comer pão nem beber água, e escreveu nas tábuas as palavras da aliança, os dez mandamentos" (Ex 34,28).

Legislação do Povo de Deus – o Decálogo ou Código da Aliança, que tem por finalidade conduzir o povo a uma prática da sociedade ideal nos vários contextos históricos, aparece também como prescrição a ser seguida, para que o povo se firme como nação. Isso é claro no livro do Êxodo:

> O Senhor disse a Moisés: "Fala assim aos israelitas: Vós mesmos vistes que eu vos falei lá do céu. Não me coloqueis entre os deuses de prata ou de ouro, deuses que não devereis fabricar para vós. Deverás fazer para mim um altar de terra, sobre o qual me oferecerás os holocaustos, os sacrifícios de comunhão, as ovelhas e os bois. Em qualquer lugar em que eu fizer recordar o meu nome, virei a ti e te abençoarei (Ex 20,22-24).

A Bíblia proíbe as estátuas? Sim, se forem utilizadas para idolatria. Na Antiguidade era comum fabricar animais de ouro ou prata e atribuir-lhes poder divino. Deus não aceita essa manipulação da religião. Se as estátuas, porém, forem recursos para elevar o espírito humano ao encontro com o Deus único e verdadeiro, então elas têm razão de existir. No livro do Êxodo condena-se o bezerro de ouro, mas fabricam-se estátuas de anjos para serem fixadas na tampa da Arca da Aliança. As estátuas de santos não são adoradas, mas assemelham-se a fotografias da família, que são veneradas, pois recordam exemplos de pessoas que foram fiéis no seguimento de Jesus.

C) A fé em ação

A fé em Javé e a organização do povo são dois fatores decisivos no livro do Êxodo e vêm ao encontro do que Deus deseja: povo libertado, projeto novo, vida nova, justa e fraterna. Jesus retoma esse projeto novo no diálogo com os fariseus:

> Os fariseus ouviram dizer que Jesus tinha feito calar os saduceus. Então se reuniram, e um deles, um doutor da Lei, perguntou-lhe, para experimentá-lo:

"Mestre, qual é o maior mandamento da Lei?" Ele respondeu: "Amarás o Senhor, teu Deus, com todo o teu coração, com toda a tua alma, e com todo o teu entendimento! Ora, o segundo lhe é semelhante: 'Amarás teu próximo como a ti mesmo'. Toda a Lei e os Profetas dependem desses dois mandamentos" (Mt 22,34-40).

3 – O DESERTO, CAMINHO PARA A VIDA NOVA

A) As dificuldades da caminhada

O longo confronto com o opressor conduziu os hebreus escravizados à libertação. Foi uma vitória de Deus com os oprimidos. Só, então, foi possível começar uma nova forma de relação social, na qual o domínio deu lugar à participação.

No deserto, a maior dificuldade que os israelitas encontraram foi exatamente começar a vida em liberdade. O primeiro empecilho foi a perseguição do opressor. Quando os hebreus viram os egípcios em seu encalço, disseram a Moisés:

> Foi por não haver sepulturas no Egito que nos trouxeste para morrermos no deserto? Que vantagem nos deste tirando-nos do Egito? Não te falávamos assim no Egito: "Deixa-nos em paz servir aos egípcios?". Era melhor servir como escravos aos egípcios do que morrer no deserto (Ex 14,11-12).

A acusação foi grave: o povo culpou Moisés de tê-lo conduzido para a morte e não para a vida. A escravidão acomoda, porque não implica perigos e riscos. Fora dela, é preciso assumir responsabilidades que decorrem da própria libertação.

Outro problema foi a necessidade básica de comer e beber. Sentindo fome e sede, o povo novamente se voltou contra seus líderes:

> Quem dera que tivéssemos morrido pela mão do Senhor no Egito, quando nos sentávamos junto às panelas de carne e comíamos com fartura. Por que nos trouxeste a este deserto? Para matar de fome toda esta gente? (Ex 16,3) (...) Por que nos fizeste sair do Egito? Foi para matar-nos de sede junto com nossos filhos e nosso gado? (Ex 17,3).

B) O risco da liberdade

Viver em liberdade supõe uma nova aprendizagem: produzir e administrar os próprios meios de subsistência. A abertura do mar, a água da rocha, o maná e as codornizes pareceram milagres. De fato, quando o povo começou a acreditar em si mesmo, os meios de sobrevivência surgiram de formas inesperadas e mais abundantes do que se poderia prever.

Em meio às dificuldades para iniciar a vida em liberdade, apareceu também a tentação de retomar antigos vícios aprendidos dentro do sistema opressor. É o que encontramos em Êxodo 16. Em resposta ao clamor de fome, o povo recebeu de Deus o maná, que caía todas as manhãs. Todos foram instruídos para recolher apenas o necessário, sem acumular para o dia seguinte. Dessa forma, todos tinham o suficiente e não faltava para ninguém. Alguns, no entanto, juntaram maior quantidade, pensando no dia seguinte, mas o que foi guardado "bichou e apodreceu" (Ex 16,20). Isso mostra que o espírito de posse e acumulação não tem sentido numa sociedade que pretende ser igualitária e participativa, na qual tudo se reparte fraternalmente. O acúmulo da riqueza e do poder gera desigualdade e, conseqüentemente, exploração e opressão.

> O maná era uma resina doce que vertia da tamareira no deserto. Pela manhã, ela se cristalizava com o orvalho e parecia geada branca. Por isso, os israelitas diziam que "caía" do céu como a geada. Após recolhido, podia ser moído, cozido e transformado em pão. Seu gosto era semelhante ao do pão de mel.

Nessa caminhada pelo deserto, verificamos também dificuldades de relacionamento entre Moisés e o povo. Se Moisés se encarrega de tudo (cf. Ex 18,13-16), há o risco de ele "matar" a si mesmo e "matar" a consciência de participação das pessoas (cf. Ex 18,17). A proposta de Jetro, sogro de Moisés, é o esboço de uma forma para o exercício da justiça e do governo (cf. Ex 18,21-22). Assemelha-se a uma "democracia popular". Desse modo evitam-se a arbitrariedade do chefe e também a acomodação do povo, que facilmente poderia ficar esperando que o líder adivinhasse e resolvesse todos os problemas.

A finalidade da libertação era ir para a "terra onde corre leite e mel". Contudo, ao sair da opressão, o povo entrou no deserto, lugar de dificuldades e da tentação de voltar atrás. É um grupo liberto, mas que ainda precisa aprender a viver a liberdade, sem cair numa nova opressão. Agora é preciso construir a sociedade nova.

4 – OS MANDAMENTOS, CONSTITUIÇÃO DO POVO DE DEUS

A) Uma constituição diferente

Aliança é compromisso (cf. Ex 19). Após conseguir a libertação, desejada pelo povo e inspirada por Deus, Israel agora está livre. Para consolidar a conquista e para preservar a libertação, que apenas se iniciou, surge o conceito de aliança com Deus libertador, que está sempre impulsionando a prática da libertação. Javé aparece como protetor permanente dos oprimidos e exige que ninguém seja opressor de ninguém. A única autoridade sobre o povo é o próprio Deus. Fazer aliança com Deus é ser escolhido para uma missão: manter na história a memória viva do Deus libertador. É assumir o compromisso de desenvolver continuamente uma prática libertadora que denuncie e combata o opressor, entrando em aliança com todos os que são oprimidos.

O compromisso fundamental com o Deus da aliança expressa-se no Decálogo (cf. Ex 20,1-17). Deus revelou estas dez palavras ao povo no monte Sinai (cf. Ex 34,28; Dt 4,13; 10,4). Elas indicam as condições e os passos necessários para o povo viver a justiça, o amor e a liberdade. Não se trata de simples leis; são princípios que orientam para uma nova compreensão e prática de vida. São o recado, as ferramentas que Deus entregou ao povo libertado para poder continuar a marcha para a plena liberdade e conquistar a terra que lhe pertencia, pois a liberdade não se conquista num dia, mas é um longo processo, uma luta persistente. Conforme o relato bíblico, Deus escreveu as dez palavras com seu próprio dedo (cf. Ex 31,18; Dt 5,22). Cada palavra traz o caminho a seguir para não incorrer nos mesmos pecados dos egípcios.

Pela lei dos dez mandamentos, Deus indicou o caminho certo para o povo:
- nunca mais voltar a viver na escravidão;
- conservar a liberdade que conquistou saindo do Egito;
- viver na justiça e na fraternidade;
- ser organizado, sinal de Deus no mundo;
- em comunidade, ser uma resposta ao clamor de todo o povo;
- ser um anúncio e testemunho daquilo que Deus quer para todos;
- chegar à prática perfeita do amor a Deus e ao próximo.

B) Reler hoje os mandamentos

Os mandamentos devem ser vistos à luz de Cristo. O seguimento de Jesus Cristo inclui o cumprimento dos mandamentos. A lei não foi abolida, mas o ser humano é convidado a reencontrá-la na pessoa do Mestre, que é o "cumprimento perfeito dela". Jesus retomou os mandamentos e os resumiu em dois: amarás ao Senhor teu Deus de todo o teu coração, de toda a tua alma e de todo o teu entendimento, e amarás o teu próximo como a ti mesmo (cf. Mc 2,23-28).

No momento solene da aliança com o povo, Deus apresenta os mandamentos, que são o *documento de fundação* da sociedade que pretende uma vida digna para todos os seus membros e na qual todos possam ter acesso aos bens da liberdade e da vida. Porque Deus é libertador e justo, só ele pode dar orientações para que o ser humano conserve a liberdade e a vida e não volte à escravidão. Os mandamentos exprimem a resposta humana ao Deus que liberta.

Reler o livro do Êxodo hoje é redescobrir o berço da nossa fé, nascida de um acontecimento histórico no qual Deus e o povo se uniram para a conquista da liberdade. Hoje, o êxodo não é mais tratado como um acontecimento de dimensões geográficas – sair de um lugar e ir para outro –, mas como conquista do próprio espaço para, na liberdade, construir uma sociedade nova e sempre aberta à criação de espaços cada vez mais significativos em que o povo possa expandir a experiência de vida. Não há limites para o crescimento da vida humana. O único limite é o horizonte sempre distante da "terra onde corre leite e mel", isto é, o objetivo último e o sonho de que um dia o mundo será realmente o espaço em que todos poderão participar da liberdade para repartir a vida.

5 – RESUMO

- O Deus do Êxodo revela-se atento ao sofrimento do povo e toma a iniciativa de libertá-lo.
- Moisés é chamado a liderar a saída do Egito.
- Deus revela-lhe o projeto de libertação e comunica-lhe o seu nome: Javé, aquele que é e que será; aquele que sempre está presente.
- Javé propõe um pacto para Israel: Deus protegerá o povo, que deverá realizar seu projeto, praticando os dez mandamentos: esta é a Aliança.
- Javé sempre fiel; Israel nem sempre.

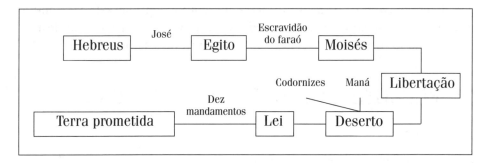

6 – ESTUDANDO MAIS

1. Leia Ex 3,1-6 e responda: Por que Moisés precisa tirar as sandálias?
2. Leia Ex 3,7-12 e destaque quais as ações de Deus indicadas pelos verbos no texto.

3. Qual é o Deus do Êxodo e o Deus do homem moderno?
4. Leia Ex 20,1-20. Cada mandamento defende um sistema e condena o outro. Quais?
5. Estar em aliança com Deus significa que ele aprova tudo o que fazemos? Quais os dois lados da mesma aliança?

7 – PARA AJUDAR NA CATEQUESE
Sugestão de leitura

Após longa caminhada, passando pelo deserto e sofrendo provações, os hebreus chegaram à Terra Prometida. Precisaram lutar contra outros povos para tomar posse da terra e, para isso, tiveram a liderança de Josué, porque Moisés já havia morrido.

Quando se instalaram, foi necessário estabelecer uma nova organização para que todos pudessem viver melhor. Não podiam repetir o modo de vida do Egito, lugar de muitas injustiças que eles mesmos bem conheciam. Foi por isso que dividiram todo o povo em doze grupos de famílias e chamaram a cada grupo de tribo. A terra foi compartilhada entre as tribos, para que a habitassem e tirassem dela o sustento. Os grupos de famílias formaram a confederação das tribos e foram criadas regras de convivência que garantiam a justiça e o direito para todos. Se uma tribo fosse ameaçada por invasões de povos vizinhos, as demais deveriam ajudá-la a defender-se. Para eles era "todos por um e um por todos".

No tempo das tribos, também chamado "sociedade igualitária", a terra era respeitada como lugar de trabalho comunitário e de produção de alimentos para todos. Não era usada para obtenção de lucro. Surgiram até leis que determinavam o descanso da terra de tempos em tempos, para que a natureza pudesse se reciclar. A sabedoria do povo da Bíblia se manifestou também nisso: o respeito à natureza e a convivência harmoniosa com ela.

8 – REFLETIR POR MEIO DE DINÂMICAS
As cordas

Objetivo: refletir os seguintes aspectos:
- Jesus usava realidades, símbolos e sinais da vida do povo.
- O que satisfaz a vida humana é viver a liberdade profundamente.
- Valorizar e vivenciar os sentimentos faz parte da arte de viver bem.
- Deixar-se conduzir apenas pelos sentimentos pode acarretar sofrimento para si e para muitos.

Materiais: cordas ou barbantes e velas.
Desenvolvimento:
Primeiro passo: amarrar-se – espalhar o material pela sala e pedir a cada um para tomar um barbante ou corda, amarrar os próprios pés e mãos em silêncio e reflitir:
- Como me sinto estando amarrado?
- Onde eu mesmo me amarro?

Após alguns minutos cada um vai desamarrando-se, enquanto partilha os sentimentos com o grupo.

Segundo passo: deixar-se amarrar – um amarra-se ao outro ou a um banco, cadeira, objetos etc.

Refletir e partilhar em grupo:
- Como me sinto amarrado deste jeito?
- A que estou amarrado?
- A que pessoas?
- A que idéias?
- A que objetos, coisas?
- A que aspectos do presente, passado, futuro?

Terceiro passo: libertar-se – desamarrar o companheiro que está amarrado. Refletir e partilhar os sentimentos.
- Como me sinto ao desamarrar alguém que se sente escravo, preso... não livre?
- Como me sinto quando faço da vida um serviço para e com os outros?

Quarto passo: procurar a liberdade – cada um apanha uma vela, que está no centro da sala:
- Acende e entrega a vela à pessoa que o ajudou a se desamarrar.
- Enquanto entrega a vela acesa, faz uma oração em forma de agradecimento, de pedido, de silêncio...
- Dá um grande abraço de paz, de força e de esperança.

9 – MOMENTO DE ESPIRITUALIDADE

O Credo de Israel – A Palavra se faz oração

Há um texto considerado por muitos estudiosos como uma das mais antigas profissões de fé do povo de Israel. O israelita devia rezar esse Credo quando apresentava as primeiras colheitas de sua terra para o sacerdote ofertar a Deus. Assim ele agradecia ao Senhor por ter entrado na Terra Prometida.

Hoje, participamos da Aliança com Deus, selada por seu filho Jesus e continuamos o êxodo, esta aventura da libertação em cada etapa da vida. Assim, louvemos a Deus, a exemplo dos israelitas, dizendo:

> Meu pai era um arameu errante, que desceu ao Egito com um punhado de gente e ali viveu como estrangeiro. Mas ele tornou-se um povo grande, forte e numeroso.
> Então os egípcios nos maltrataram e oprimiram, impondo-nos uma dura escravidão.
> Clamamos então ao Senhor, Deus de nossos pais, e o Senhor ouviu nossa voz e viu nossa opressão, nossa fadiga e nossa angústia; o Senhor nos tirou do Egito com mão forte e braço estendido, no meio de grande pavor, com sinais e prodígios, e nos introduziu neste lugar, dando-nos esta terra, terra onde corre leite e mel... Amém (Dt 26,5-10).

O agir de Deus está presente nos textos que nos contam do êxodo libertador: o Deus que opta pela vida.

Rezemos ao Deus libertador, dizendo, após cada pedido: *Deus da vida, liberta-nos:*

- de nossos medos e falta de fé;
- de nosso egoísmo e da ganância;
- de nossas atitudes de opressão e orgulho;
- de líderes falsos e corruptos;
- da fome, da miséria, da guerra...

A descrição do Êxodo visa provocar em nós a mesma fé que suscitou nos israelitas o esforço de libertação e levou-os a sentir a presença libertadora de Deus. Hoje, esse esforço tem os mais variados aspectos. Peçamos a Deus que nos faça agentes de libertação junto aos que:

- denunciam as injustiças e torturas praticadas contra as pessoas e as nações;
- promovem o desenvolvimento do povo;
- ensinam como proteger a natureza da ação maléfica do ser humano;
- contribuem para eliminar o analfabetismo;
- procuram vencer os vícios em todas as suas formas;
- promovem o caminho da reconciliação e da paz.

Que o caminho da saída para o ser humano moderno esteja orientado pelo projeto de Jesus: "Eu vim para que todos tenham vida, e a tenham em abundância". Amém.

III – JUÍZES, REIS, PROFETAS, EXÍLIO E VOLTA

1 – DEFENSORES E CONSELHEIROS DO POVO, OS JUÍZES

A) Líderes na fé e na organização

O livro de Josué foi considerado por algumas correntes da tradição judaica como o sexto livro de Moisés. Narra, de forma muito prodigiosa, a entrada do povo israelita na terra de Canaã, iniciando pela passagem do rio Jordão e pela conquista de Jericó. Conforme a narrativa, os israelitas cercaram a muralha da cidade e rezaram durante sete dias, até ela desabar (cf. Js 2,1ss).

O livro dos Juízes relata fatos ocorridos entre os anos 1200 e 1020 a.C., descrevendo a organização do povo na terra e a vida das tribos até o início da monarquia. Trata-se de um tempo de "democracia tribal", repleto de dificuldades. A confederação das tribos é governada por chefes que têm um cargo vitalício, chamados juízes menores.

O livro dos Juízes apresenta a dinâmica que marca o destino histórico de um povo: infidelidade e pecado, sofrimento, conversão, libertação, graça, nova infidelidade... O autor mostra que é possível quebrar esse ciclo e, para isso, é necessário que cada geração assuma o projeto de Javé e continue a luta dos antepassados para abolir a idolatria (cf. Jz 2,11-16).

A formação do povo centraliza-se no monoteísmo, isto é, a fé no Deus único que se revelou a Moisés, e na fidelidade à aliança dos dez mandamentos. A instalação das tribos obedeceu a critérios comunitários, e as lideranças escolhidas representaram dignamente os ideais do povo (cf. Jz 1,1ss).

Os primeiros juízes foram Aod, Otoniel e Sansão. Assemelharam-se a chefes militares, pois viveram na fase da conquista de espaços na terra e da luta com os invasores. Os seguintes se caracterizam pelo equilíbrio e bom senso, como, por exemplo, Samuel. Na fase da organização sociopolítica, estavam os anciãos das tribos e clãs, e na fase de consolidação, os juízes.

As decisões próprias de cada tribo eram coordenadas pelos juízes e anciãos, e as assembléias das tribos se compunham das lideranças de todas as famílias. A política tribal pode ser assim configurada:
- a autoridade não era remunerada;
- as relações de trabalho eram comunitárias;
- a terra e os rebanhos eram coletivos;
- a distribuição dos produtos era conforme as necessidades de cada família;
- não havia impostos nem taxas, porque os serviços eram comunitários;
- os produtos eram distribuídos entre todos;
- a condição para usufruir dos bens era participar do trabalho da tribo;
- quando havia uma supersafra, os bens eram consumidos em festas populares.

B) Débora, a sábia da árvore

Conforme o livro dos Juízes, Débora foi juíza (cf. Jz 4,4s) e defendeu Israel contra os cananeus, habitantes do território de Canaã, onde se estabeleceram os israelitas.

Débora tinha um lugar para o seu tribunal: a sombra de uma palmeira. Os filhos de Israel vinham a ela para obter justiça em suas causas, e a palavra dela representava o sinal de Deus em favor do povo (cf. Jz 4-5). A Bíblia a apresenta como uma das mães de Israel (cf. Jz 5,7.24.29). Débora é vista como uma mulher verdadeiramente juíza e profetisa dentro da história do povo. Não possui um livro próprio, mas sua história se encontra no livro dos Juízes.

C) Samuel, o juiz profeta

Os dois livros de Samuel relatam acontecimentos situados entre os anos 1040 e 971 a.C. Foi ele o último juiz e o primeiro profeta da Israel.

A história de Ana, esposa de Elcana, que culminou com o nascimento de Samuel, encontra-se em 1Sm 1,1ss. O livro mostra que o povo desviou-se da Aliança e fez o que é mau aos olhos de Deus e dos justos (cf. 1Sm 2,12-26). Deus, então, chamou Samuel para ser sinal da presença dele no meio do povo (cf. 1Sm 3,1-10). Após longos anos na liderança das tribos, o velho juiz começou a ouvir os apelos de mudanças: o povo quis ter um rei como os outros povos. Compreendendo que a situação não era boa, e uma mudança seria pior, Samuel sabia que a solução não estava em mudar o sistema, mas em mudar as pessoas.

2 – ISRAEL QUER UM REI, O TEMPO DA MONARQUIA

Samuel é o último juiz e o primeiro profeta, isto é, com ele encerra-se o período dos juízes e começa o da monarquia, na qual surgem os profetas. Os ambiciosos disseram-lhe que estava velho demais para continuar governando a confederação das tribos e exigiram um novo regime: a monarquia. Samuel não aceitou a proposta e rezou para que Deus lhe mostrasse o que fazer. Deus disse que o povo estava rejeitando o compromisso do Êxodo: a fé no Deus único, a aliança, a justiça e a solidariedade do tempo das tribos. Eles não estavam rejeitando Samuel, mas o próprio Deus.

O povo quis ter reis com exércitos. Samuel mostrou-lhe que as outras nações tinham reis, deuses, ídolos, mas também escravidão e muita miséria. Nelas, o rei era um semideus que exigia o melhor para si. Mesmo assim, a reivindicação do povo foi sustentada e o profeta, inconformado, aceitou a proposta, mas esclareceu quais seriam os direitos do rei (cf. 1Sm 8,10-22).

A) Saul, o primeiro rei

Saul queria encontrar Samuel, que conhecia pela fama de vidente e também de juiz respeitado. Na época, os juízes ou os sacerdotes confirmavam e abençoavam as lideranças políticas. Como ele ambicionava ser rei e precisava do consentimento e da bênção do profeta, procurou Samuel (cf. 1Sm 10,1-2) e foi por ele ungido rei, mas isso não garantiu o sucesso do governo nem a aprovação de Deus (cf. 1Sm 12,1-5).

B) Davi, tão forte quanto frágil

Saul desviou ainda mais o povo da Aliança com Deus e Samuel decidiu substituí-lo. Com tal intuito, foi à casa de Jessé, pai de Davi (cf. 1Sm 16,1-13). Após terem sido apresentados todos os rapazes, o profeta sentiu que nenhum deles era o escolhido de Deus. Fez, então, com que fosse trazido do campo o mais jovem, Davi, que guardava o rebanho. Sentiu que era ele o escolhido de Deus, ungiu-o como rei e o levou para a corte de Saul, inicialmente, para ser músico da casa. A experiência de Davi como pastor de ovelhas fez com que ele aprendesse a liderar pessoas (cf. 1Sm 16,11).

Rapidamente, o rei Saul percebeu a ameaça ao seu poder e começou a perseguir Davi (cf. 1Sm 22–25). O jovem fugiu para não ser morto e também para não se ver constrangido a matar o rei que, apesar de tudo, merecia respeito, pois fora ungido pelo profeta.

Anos mais tarde, com a morte de Saul, Davi assumiu o poder em Israel. Unificou os territórios e voltou-se contra os filisteus, um povo que morava na região da Filistéia, superior aos cananeus e aos israelitas em armas e na organização militar. Foram os filisteus que introduziram na região da Palestina o uso do ferro (cf. 1Sm 17–19).

Em um momento de sua vida, o rei Davi agiu com desequilíbrio emocional e passional: abusou do poder e mandou matar Urias, general do exército, para casar-se com sua esposa, Betsabéia. Esta, mais tarde, deu à luz o rei Salomão, herdeiro do trono de Davi (cf. 2Sm 12,1ss).

Após ter sido duramente advertido em nome de Deus pelo profeta Natã, Davi arrependeu-se de seu pecado (cf. 2Sm 12,13ss) e tornou-se um rei forte, sensível e habilidoso estrategista. Desejou, inclusive, edificar em Jerusalém um templo para a Arca da Aliança, mas a Palavra de Deus foi dirigida ao profeta Natã que a comunicou ao rei: "Vai e dize ao meu servo Davi: não és tu quem vai edificar uma casa para mim" (cf. 2Sm 7,1-17).

C) Salomão, o "sábio" que permitiu a idolatria

A preocupação de Salomão foi fazer de Israel uma grande potência. Dominou todos os reinos vizinhos, que lhe pagavam tributos e lhe obedeciam (cf.1Rs 5). Para tanto foi preciso manipular a consciência do povo, a fim de que contribuísse sem o questionar. A estratégia usada por Salomão foi a religião. Construiu o templo de Jerusalém e conseguiu sensibilizar o povo, inclusive reunindo e mandando escrever as memórias e a sabedoria popular. No tempo de Salomão escreveram-se os primeiros textos bíblicos, que são os livros das Crônicas e parte dos livros dos Reis (cf. 1Rs 5,9-14).

Salomão redistribuiu as tribos para garantir o sustento da corte. Cada uma delas era obrigada a prover todas as despesas do palácio durante um mês do ano (cf. 1Rs 4,7). O Templo acabou por tornar-se um lugar de idolatria, no qual foram instalados os ídolos trazidos pelas princesas estrangeiras que lhe eram dadas em casamento, nas alianças políticas feitas com outros reis.

3 – ALGUÉM PRECISA DENUNCIAR E ANUNCIAR, OS PROFETAS

A) O significado da palavra *profeta*

O termo *profeta* não significa adivinho do futuro, como normalmente se pensa. No contexto bíblico, a palavra hebraica *nabi* significa "delirante" e passou a ser aplicada à pessoa que vive em sintonia com o projeto de Deus e, por isso, percebe as incoerências e os abusos de poder por parte do rei, bem como chama a atenção do povo para a fidelidade à Aliança com Deus. Ao chamarem o profeta de delirante ou louco, muitas pessoas se isentavam de seguir as advertências dele. Para adivinhar é só ter sorte, mas para profetizar é preciso ter mística, coragem e amor ao povo.

A Bíblia coloca todos os livros proféticos em seqüência, no entanto, há entre eles grande distância de tempo. Classificados pela extensão e pelo conteúdo, encontramos três grupos de livros proféticos:

Profetas maiores ou escolas proféticas – Isaías, Jeremias, Ezequiel e Daniel.
Livros especiais – Baruc e Lamentações de Jeremias.
Profetas menores – Amós, Oséias, Miquéias, Sofonias, Naum, Habacuc, Ageu, Joel, Zacarias, Abdias e Jonas.

Os profetas são tão antigos quanto a história dos grupos humanos. Em cada religião e em cada época surgem pessoas que trazem em uma das mãos a vida do povo e na outra o sentido da vida diante de Deus. Os profetas aparecem mais em épocas de dificuldades, desequilíbrios sociais, desmandos dos governantes ou crises de fé.

O verdadeiro profeta é confirmado diante da realidade. É a partir dos critérios da fé que ele propõe a justiça e julga o povo e os líderes. Na inspiração do profeta está sempre o projeto de Deus, e suas palavras estão no coração do povo (cf. Is 50,4-6). Porém, na contramão da história há sempre quem defenda o erro em lugar da verdade. Esses são chamados de falsos profetas.

B) Quem são os profetas

Os profetas são:

Videntes – Ezequiel tem visão dos ossos ressequidos (cf. Ez 37,1ss).

Juízes – Isaías julga e condena a manipulação do templo e do sagrado (cf. Is 1,1-20).

Mulheres e homens de coerência radical – Isaías condena o capitalismo selvagem de quem quer acumular terra à terra, acrescentar campo ao campo, casa à casa (cf. Is 5,8-25).

Mulheres e homens da Aliança – Ezequiel diz que Javé quer um coração de carne e não de pedra (cf. Ez 36,25-28).

AMÓS (780-750 a.C.) – O PLANTADOR DE ÁRVORES

Amós é um dos primeiros profetas de Israel, dentro do período da monarquia. Aparece profetizando no reino do Norte, junto ao santuário de Betel. Ali havia sincretismo religioso e cultos a outros deuses, que manifestavam o descrédito e as infidelidades do povo a Javé. Amós dizia que esses grupos interesseiros de falsos sacerdotes e líderes políticos perversos que ostentavam luxo supérfluo eram uma afronta à miséria dos pobres. Amós não esconde sua linguagem de homem do povo. Ele reconhece que por ser simples vaqueiro e cultivador de sicômoros, suas palavras não são as mais elegantes para falar à corte, aos sacerdotes e aos doutores, mas não se omite. Ele reclama dos nobres, pois enquanto a população é atormentada pela fome, eles banqueteiam-se com o lucro da falsificação das balanças na época das colheitas.

OSÉIAS (734-723 a.C.) – O ESPOSO PROFETA

Oséias viveu nos últimos tempos do reino do Norte. A corrupção vinha deteriorando o reino, até chegar a uma situação extrema. Em quinze anos foram assassinados quatro reis. O profeta sente as dores da queda do reino diante da Assíria em 722. O ponto central da pregação de Oséias é a Aliança. Numa analogia com o amor matrimonial traído, o profeta faz a relação entre Javé e o povo (cf. Os 2,16-25), mostrando que o povo trai a Aliança e o amor de Deus.

ISAÍAS (740-690 a.C.) – O CANTOR DO TEMPO NOVO

Na Bíblia, o livro de Isaías tem 66 capítulos. No entanto, ele é formado por três grandes partes:

Os capítulos 1 a 39 contêm a mensagem do profeta Isaías, cuja preocupação central é fazer com que o povo volte a reconhecer a santidade de Deus. Antes do exílio do reino do Sul para a Babilônia, o autor adverte a respeito do perigo da idolatria, da injustiça, da corrupção etc.

Os capítulos 40 a 55 foram escritos por um profeta anônimo, na época do exílio da Babilônia. O autor ou a comunidade são exilados, mas têm esperança de que o cativeiro terá fim. O livro traz consolação para aqueles que estão longe de Jerusalém. Esse profeta é comumente chamado Segundo Isaías.

Os últimos capítulos: 56 a 66 são atribuídos a um terceiro Isaías. O autor se dirige à comunidade que precisa reorganizar-se e consolidar a Aliança com Deus, após a volta do exílio.

Isaías tem três características principais:

A justiça social – que ele defende, ainda que o povo de Judá não queira ouvir (cf. Is 1,3).

A defesa da vida – diante daqueles que oprimiam o pobre e faziam orações injustas e falsas (cf. Is 6,4-5).

A teopolítica – a esperança de que Deus liberte o povo, enviando o rei messias. Com a perseguição e os ataques que sofre constantemente, Isaías compõe seu livrinho messiânico da teopolítica, que significa governo de Deus e de seu Messias (cf. Is 7,1-11). O primeiro Isaías é o profeta de um tempo novo, que aguarda a era messiânica. Ele diz: "Porque nasceu para nós um menino, um filho nos foi dado, e ele se chama Conselheiro Maravilhoso, Deus Forte, Príncipe da Paz" (cf. Is 9,1-6). "Nascerá um descendente de Davi, da casa de Jessé, e sobre ele repousará o Espírito do Senhor com os seus dons" (cf. Is 11,1-4).

MIQUÉIAS (725-690 a.C.) – O ANUNCIADOR DO NOVO ÊXODO

O profeta Miquéias profetizou no reino do Sul, isto é, em Judá. Foi camponês e tem o mesmo estilo de Amós. Foi contemporâneo de Isaías, porém usou linguagem mais dura. A profecia dele tem as seguintes características:

Javé abandonou o Templo – a falsidade do culto fez com que o Templo ficasse vazio e abandonado (cf. Mq 3,12).

Os políticos "devoram" o povo (cf. Mq 3,1-3).

Os ricos enganam e exploram os pobres – os camponeses vendiam seus produtos e quem os pesava em balanças fraudadas eram os comerciantes inescrupulosos da cidade (cf. Mq 6,9-15). O profeta acompanha a linha de Amós na defesa dos direitos do campo contra a exploração por parte de quem vive na cidade.

A restauração virá com um novo messias – Miquéias é o profeta do novo êxodo. O povo ignora o passado e parece querer repetir a experiência de opressão no Egito. No entanto, o profeta ainda fala de esperança: "Mas tu, Belém de Éfrata, pequenina entre as aldeias de Judá, de ti é que sairá para mim aquele que há de ser o governante de Israel" (Mq 5,1).

JEREMIAS (650-580 a.C.) – O HOMEM QUE LAMENTA

Jeremias é o profeta que presencia a realização de suas profecias. De seu livro, destacam-se os seguintes aspectos:

O livro da lei – por volta do ano 604/605 a.C., os operários estavam reformando o Templo de Jerusalém e encontraram o rolo da lei. Pensam os estudiosos que se trate dos capítulos 4 a 16 do Deuteronômio.

A pessoa do profeta – filho de família sacerdotal e marginalizado por sua linha de pensamento, ele, ainda jovem, é chamado à missão e torna-se um profeta por vocação. Jeremias é a alma transparente, poética e aberta. Sente os problemas do povo como se fossem as suas próprias dores e desabafa escrevendo (cf. Jr 15,17-18).

A vocação – "Antes de formar-te no seio de tua mãe, eu já te conhecia, antes de saíres do ventre, eu te consagrei e te fiz profeta para as nações" (Jr 1,5). A missão do profeta não surge por acidente, ele sabe que está nos projetos de Deus desde longa data.

O novo êxodo – "Por isso, dias hão de vir – oráculo do Senhor –, quando não se dirá mais assim: 'Pelo Senhor que tirou Israel do Egito!' e sim: 'Pelo Senhor que os tirou da terra no norte e de outros países para onde os havia expulsado!" (Jr 16,14-15).

A sabedoria política – os profetas que antecedem Jeremias, tanto Amós, quanto Habacuc, tocam em temas da realidade social: balanças falsificadas, pesos e medidas alteradas, marcos de divisas transportados e a opressão dos latifundiários contra os pequenos camponeses, que resultam em injustiças, miséria e fome. Diante disso, Jeremias adverte os políticos e os reis. Assim inicia uma pregação difícil para tempos mais difíceis contra os poderosos, os levitas e os sacerdotes.

As lágrimas falsas – Jeremias denuncia a incoerência dos cultos. Enquanto as mulheres carpideiras são pagas para chorar sobre a falsidade dos sacrifícios, os próprios filhos estão sendo conduzidos ao holocausto vivo pelos seus reis (cf. Jr 9,16-20). Jeremias diz que é inútil apresentar sacrifícios a Deus se não há interesse de modificar a situação, em vista da vida das pessoas.

A Aliança – depois de dar o atestado de óbito ao povo e ao rei, afirmando que não sobraria ninguém para chorar os defuntos, Jeremias anuncia uma nova aliança por iniciativa de Deus (cf. Jr 31,31-33).

Sedução e conflito – Jeremias é a melhor expressão da alma transparente. Nenhum profeta experimenta tanta dor e situações tão adversas como ele. Porém, Deus garante que estará sempre com o profeta, fazendo-o forte como uma coluna de ferro (cf. Jr 1,17-19).

SOFONIAS (610-600 a.C.) – O MENOR DOS PROFETAS

Dentre os profetas menores, Sofonias é o menor. Vive na época de Jeremias, pouco antes do exílio de Judá para a Babilônia.

Ele condena com veemência a falsidade dos cultos. Enquanto as autoridades resistem aos apelos que Deus faz por meio dos profetas e do povo, o profeta anuncia o dia de Javé, no qual o mundo todo verá a glória do Deus libertador e o verdadeiro Israel será restaurado (cf. Sf 3,14-20). Sofonias fala aos pobres: a única esperança dos injustiçados está na intervenção de Javé, pois só neste dia lhes será devolvida a dignidade (cf. Sf 2,1-3).

NAUM (663-612 a.C.) – O DEFENSOR DOS POBRES

Este livro profético traz a visão da queda do império assírio.

O profeta revela sua alma poética, começando o segundo capítulo da profecia com um salmo: "Olha lá nas montanhas o tropel daquele que vem trazendo boas notícias, que vem anunciar a paz" (Na 2,1).

Para o povo fiel, Javé é força de libertação (cf. Na 2,1). Naum deixa clara sua mensagem: os grandes poderes do mundo não são eternos. Por mais que dominem e amontoem, por mais que oprimam e humilhem os pequenos, um dia ruirão como Nínive. Aliás, desaparecerão da história justamente porque agem dessa maneira. Sobre todos os opressores obstinados pesa o julgamento implacável de Deus, que sempre toma o partido dos oprimidos.

HABACUC (605-598 a.C.) – O SONHO DE UM FUTURO FELIZ

A profecia de Habacuc mais parece uma visão. Ele não menciona os destinatários, mas refere-se aos fabricantes da injustiça. Expressa uma conversa pessoal com Deus. Pede que Deus preste contas de sua administração do universo (cf. Hab 1,2).

A conclusão tem uma chave litúrgico-escatológica: é a celebração do juízo final, no qual o plano terreno não assume muita importância. O núcleo de sua profecia, no entanto, expressa a concretização histórica da Salvação e inspira os discursos sociológicos do Novo Testamento, como, por exemplo:

"Ai daquele que acumula aquilo que não é seu..." (cf. Mt 23,15-34).

"Ai daquele que ajunta ganhos injustos para sua casa..." (cf. Lc 6,20-24).

4 – OS LIVROS DO EXÍLIO

O exílio indica o período que vai da destruição de Jerusalém pelos babilônios, em 587 a.C., até a reconstrução iniciada em 537 a.C., ainda sob o domínio persa. Era uma prática muito antiga deportar em massa os povos conquistados para servirem de escravos e perderem o senso de identidade nacional.

SEGUNDO ISAÍAS 40-55 (589-538 a.C) – O CONSOLADOR

Este é também chamado *o livro da consolação*. Os dominadores queriam que os hebreus exilados oferecessem espetáculos e tocassem canções judaicas, mas eles respondiam: "Cantar de que jeito, se a saudade da pátria nos tranca a garganta?" (cf. Sl 137,4). O livro tem características que o situam mais próximo ao fim do cativeiro e no prelúdio do enfraquecimento da Babilônia. De acordo com a sua temática, pode-se ressaltar alguns tópicos:

O monoteísmo – diante de Javé, os ídolos são anulados e não servem para nada (cf. Is 41,21-29). Há um só Deus.

A consolação – com a certeza de que a libertação estaria próxima, o profeta reconstitui as promessas antigas de que Deus é Senhor da História e consola o seu povo (cf. Is 45,1-7).

O incentivo para o retorno – com o decreto da libertação, muitos não queriam retornar para casa e preferiam ficar no estrangeiro. Alguns já estavam instalados e não queriam abandonar o que já tinham conseguido, para voltar à pátria e começar tudo outra vez. Para incentivar o retorno no momento em que a libertação viesse a acontecer são feitas algumas profecias-promessas: "Dize aos cativos: 'Saí livres!', aos presos em cárcere escuro: 'Vinde para a luz!'" (Is 49,9).

Os quatro cânticos – com uma dimensão escatológica muito acentuada, o profeta constrói quatro poemas, chamados os quatro cânticos do servo. São eles: Is 42,1-9; 49,1-6; 50,4-11; 52,13–53,12.

Conclusão – Deus é fiel, misericordioso e consolador.

EZEQUIEL (580-538 a.C.) – O VIGIA DO POVO DE CORAÇÃO RENOVADO

O livro situa-se em um ambiente semelhante ao do Segundo Isaías, isto é, de exílio. Ezequiel explica as causas que levaram o povo ao cativeiro e afirma que Israel e Judá não quiseram ouvir a voz de Javé, enviada pelos profetas. A profecia dele é densa e complexa. Destacam-se nela alguns símbolos:

O rolo – o profeta narra a própria vocação através da visão do rolo (cf. Ez 2,9–3,15).

A atalaia ou vigia – o profeta tem clareza de que sua missão é ser atalaia do povo (cf. Ez 3,16).

A crítica aos líderes – nesta crítica, de modo genérico, sob o nome de pastores, ele envolve toda a classe dominante, tanto os políticos como os sacerdotes (cf. Ez 34,1-16).

A circuncisão do coração – a única forma de fazer uma circuncisão válida é converter-se de todo o coração (cf. Ez 36,25-28).

O espírito – derramarei sobre vós um espírito novo (cf. Ez 36, 26).

A ressurreição – (cf. Ez 37,1ss) o capítulo 37 toma uma conotação escatológica (ou seja, sobre a ressurreição dos mortos no final de tudo).

O templo e o novo culto – a parte final do livro é uma retomada litúrgica da função do templo e do culto.

JUDITE – A GUARDIÃ DA VERDADE

Judite é uma das grandes figuras do tempo das tribos. A história dela é recordada na época da restauração de Israel, depois de 538, quando Ciro, rei da Pérsia, liberta todos os cativos da Babilônia. Com o papel político, ela desempenha uma função profética. Condena alguns chefes por romperem com o projeto da Aliança e coloca os direitos e a dignidade dos seus tutelados acima de tudo, não temendo a moral ou a lei (cf. Jt 8,9–9,14).

ESTER – A RAINHA ORANTE

A inspiração fundamental do livro é o fato do êxodo, aqui revisto na ótica da resistência dos judeus na Palestina e no esforço de preservar a sobrevivência da comunidade judaica espalhada pelo mundo, que estava com ordem de extermínio pelo rei.

O livro conta que Amã, o poderoso vizir da Pérsia, planejou matar Mardoqueu, um ancião da tribo de Benjamim que liderava os judeus da região. Para isso, tramou uma calúnia e convenceu o rei a exterminar a comunidade judaica. O rei Assuero reinava desde a Índia até à Etiópia e tinha sua corte na Babilônia (cf. Est 3,7ss). A esposa dele era uma jovem judia, a rainha Ester. Ao saber da ordem do rei de exterminar o povo, Ester suplicou a Deus que lhe desse forças para interceder junto ao rei (cf. Est 4,17ss.). Conseguiu sensibilizar o rei e desfazer a calúnia de Amã, salvando assim Mardoqueu e todo o povo (cf. Est 7,3ss).

5 – O RETORNO A JUDÁ

A) A reconstrução do judaísmo

Foi Ciro, rei da Pérsia, que, em 538 a.C., mediante um decreto, deu liberdade aos exilados da Babilônia para retornarem a Jerusalém.

Essa libertação dos judeus, porém, foi relativa. Os que voltaram para reconstruir a cidade e o Templo receberam apoio da corte oficial persa, mas em troca ficaram obrigados a pagar impostos. Israel recuperou a posse da terra e da cidade, no entanto permaneceu preso ao império persa, na qualidade de colônia.

Durante o exílio na Babilônia, Jerusalém e o Templo haviam sido destruídos. A situação dos que permaneceram em Judá e dos exilados era de desolação e tristeza (cf. Lm 5,2-5); mas Deus, que é fiel, não os havia esquecido, e suscitou dentre eles profetas que os confortavam e alimentavam a esperança de dias melhores e de um novo êxodo de volta à liberdade.

Os profetas Jeremias e Abdias atuaram em Judá. Ezequiel e o Segundo Isaías surgiram em meio aos exilados.

A política persa, diferente da dos assírios e babilônicos, angariou a simpatia dos judeus, com projetos de reconstrução das cidades da Judéia, do Templo, de Jerusalém e de suas muralhas. Isso reacendeu a coragem dos exilados de recomeçar a vida na própria terra. Por detrás da reconstrução, escondia-se o projeto expansionista da Pérsia, cujo objetivo era chegar até o Egito, tendo em vista a ampliação do domínio econômico com a cobrança de impostos.

O exílio da Babilônia durou cerca de sessenta anos. Não só os que foram, mas também os mais pobres, que permaneceram na Palestina, sofreram com o esvaziamento do país. Ao retornarem, os exilados encontraram uma situação deplorável e conflitiva, na qual as pessoas não pensavam em reconstruir as bases de fé e vida social, mas, sim, em garantir a própria sobrevivência.

Datas do exílio:

Assíria – 745 a 727 a.C.: primeiro império a deportar para seu país os habitantes da Galiléia, as tribos de Neftali e Galaad, que formavam o reino do Norte. Estes não voltaram mais para a terra de Israel.

Babilônia – Em 597 a.C., Nabucodonosor deportou de Judá a família real, nobres, guerreiros a artesãos, destruindo Jerusalém, sede do reino do Sul, no ano 587.

Pérsia – Em 537 a.C., o imperador Ciro liberou os judeus para que voltassem à terra natal e reconstruíssem Jerusalém.

B) Judá no período pós-exílico, a terra que acolhe a todos

Diferentes grupos formavam a população de Judá no período pós-exílico:
- os que ficaram na terra após a deportação em 587 a.C. (cf. 2Rs 25,12);
- os estrangeiros que se fixaram em Judá (cf. Ab 10–14);
- os judeus que retornaram do exílio (cf. Esd 3);
- os judeus que continuaram a morar na diáspora (cf. Est 2,8-18; Is 56,8).

C) Deus continua presente – Os livros pós-exílicos

O povo sofrido ainda amarga a provação de um domínio estrangeiro, e se pergunta: "Deus ainda está presente em nosso meio?" (cf. Is 51,1-3).

Entram em cena os profetas pós-exílicos:

AGEU (520 a.C.) – O RESTAURADOR

O profeta Ageu procura reavivar a fé do povo que estava desanimado diante da tarefa de reconstruir o Templo de Jerusalém.

ZACARIAS (520 a.C.) – APOSTA NA RELAÇÃO FÉ E POLÍTICA

Além de incentivar a reconstrução do Templo, o profeta Zacarias propõe a formação de um novo quadro político, centrado no leigo Zorobabel e no sacerdote Josué (cf. Zc 1,1).

TERCEIRO ISAÍAS (470 a.C.) – A FÉ DA COMUNIDADE

A consciência criada pelo primeiro e pelo segundo Isaías continua viva nos discípulos. Surge o terceiro Isaías, cuja missão é restaurar a fé da comunidade que veio do exílio e se reuniu em Jerusalém com os que estavam dispersos.

ABDIAS (450 a.C.) – O PROFETA SOLIDÁRIO

Estimula a necessária solidariedade entre os mais fracos diante de um opressor maior que é a política persa.

ESDRAS E NEEMIAS (445-433 a.C.) – A LIDERANÇA ALTERNATIVA

Os dois livros mostram um grupo que se reúne e se organiza para formar uma comunidade, enfrentando dificuldades econômicas, políticas e ideológicas. Resulta desse difícil processo a complicada questão da liderança, para que a comunidade não fique entregue ao arbítrio dos poderosos, mas consiga resolver seus conflitos, defender seus direitos e abrir-se para o futuro.

MALAQUIAS (DEPOIS DE 430 a.C.) – REVELA O VERDADEIRO DEUS

Passados cinqüenta anos da reorganização da comunidade judaica, o desinteresse e a apatia dominam e a fé não é mais força de vida, mas simples culto formalista. O profeta mostra que a submissão a um frio código de leis não tem sentido. Deus, que ama como um pai, espera uma resposta urgente e deseja um comportamento de respeito e de amor. Anuncia também um misterioso mensageiro, reconhecido pelos evangelistas por João Batista, o precursor de Jesus.

JOEL (400 a.C.) – DEUS É MISERICORDIOSO

Uma expressão-chave dá unidade a todo o livro de Joel: "o dia de Javé", isto é, o juízo final. A misericórdia de Deus alcançada pelo sincero arrependimento, pela penitência e pelo jejum transforma o julgamento em dia de libertação e de salvação.

JONAS (ENTRE 300 E 200 a.C.) – A MISERICÓRDIA É PARA TODOS

A história do profeta Jonas que vai a Nínive mostra que a bondade de Javé é para toda a humanidade; ele quer que todos se convertam e tenham a vida.

DANIEL (150 a.C.) – PRECURSOR DA FÉ NA RESSURREIÇÃO

Apesar de tratar de fatos do exílio, Daniel é um livro do período pós--exílico. Sustenta a esperança do povo fiel e, ao mesmo tempo, provoca a resistência contra os opressores. Assegura que, para os que morrem nessa luta, descortina-se a esperança maior na fidelidade de Deus: a ressurreição.

Da observância estrita da lei de Deus e das imposições do rei dominador, surgiram, na comunidade reconstruída, protestos que aparecem em diversos escritos bíblicos: Rute, Jonas, Jó, Cântico dos Cânticos, Provérbios, alguns Salmos e a forma definitiva do Pentateuco.

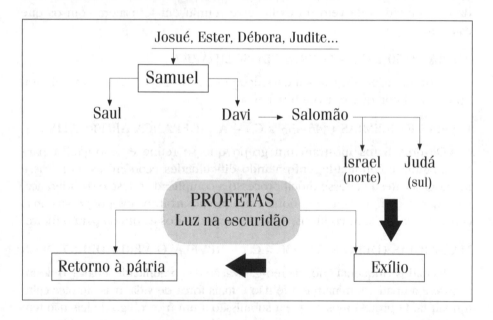

6 – REFLETIR POR MEIO DE DINÂMICAS

Coração de pedra (gelo) (Ez 36,25-28)

Objetivo: refletir sobre as atitudes do coração humano, que pode ser dócil ou ser duro diante de Deus.

Materiais: Bíblia e uma pedra de gelo em forma de coração (preparar o gelo com antecedência, congelando a água em uma assadeira de bolo com formato de coração).
Desenvolvimento:
- Ler o texto de Ez 36,25-28 (o coração de carne e o coração de pedra).
- Depois da leitura, passar entre os participantes o coração de gelo.
- Deixar que cada participante compartilhe seus sentimentos e relacione essa experiência ao texto lido e à própria vida.

Os artistas

Objetivo: constatar que, se não formos sensíveis à presença de Deus em nossa vida, muitas coisas ficam fora do lugar.
Materiais: folhas de papel e canetas para desenhar.
Desenvolvimento:
Pedir às pessoas que fechem os olhos e desenhem o que for solicitado:
- uma casa, com janelas e portas;
- cercando a casa, um jardim e uma árvore;
- sol e nuvens no céu;
- uma pessoa com olhos, nariz e boca.

Pedir que escrevam as seguintes frases:
- Sem a luz da Trindade, toda obra sai imperfeita.
- Deus é a única luz. Com Deus não há trevas.
- Ser profeta é estar com os olhos bem abertos para denunciar as injustiças e anunciar a Palavra de Deus.

Fazer uma exposição dos desenhos.

7 – MOMENTO DE ESPIRITUALIDADE

A súplica da rainha Ester (Est 7,1-7)

O pedido e o desejo de Ester são os mesmos de todo o povo: a vida. No entanto, para que todos tenham vida é preciso denunciar a perversidade do sistema opressor, que vende o povo para ser exterminado, morto e aniquilado. Além disso, o que se ganha destruindo o povo? A atitude de Ester é exemplo ousado para qualquer autoridade: ela arrisca a própria vida para salvar a vida do povo e a ele servir.

Nós, hoje, estamos nos empenhando para que todos tenham vida?
Breve tempo de reflexão...
Canto: "Eu vim para que todos tenham vida".
Na liturgia da festa de Nossa Senhora Aparecida, faz-se este questionamento: Como Maria representa a mãe do povo brasileiro?
Daniel: 3,24-45 (Rezar pausadamente o cântico dos três jovens).
Salmo 139,1-15 (Rezar pausadamente).

8 – AVALIAÇÃO

Juízes: O que significa a mudança de sistema? Basta mudar um sistema para mudar a vida de um povo?
Profetas: Ser profeta é simplesmente dizer tudo o que se pensa? Profetas só existiram naquela época?
Retorno a Israel: O que Isaías entende por jejum e observação do sábado. Como aplicar isso atualmente?
O que você entende por "idolatria"? Quais são os falsos ídolos de hoje?
Por que Israel resistia a voltar para casa?
Hoje também temos resistências na comunidade? Quais?

IV – JESUS, DEUS CONOSCO

1– DEUS ENVIA SEU FILHO

Deus se revelou e se fez presente entre nós por sua Palavra e pela encarnação de seu filho Jesus Cristo, que veio à terra como um ser humano para comunicar a Boa-Nova do Reino e mostrar que Deus não deseja impor a sua vontade, mas, sim, que as pessoas a aceitem e construam sua própria realidade baseadas na compreensão e no amor.

Para provar sua lealdade e seu amor, Deus mandou seu filho Jesus, para que vivesse como nós, sujeito às dificuldades da pregação e da perseguição até a morte na cruz. Dessa maneira, Deus coloca nas mãos de seus filhos e filhas o destino do mundo e confia em nós a ponto de permitir a morte de Jesus por nossa libertação e salvação e para transformar nossos sentimentos, pensamentos e ações.

A ressurreição de Jesus é a certeza de que o Reino dos Céus existe, e que, como ele, podemos dedicar-nos à construção de um mundo melhor com o objetivo não de alcançar apenas a nossa salvação, mas trabalhar para que um reino de amor e vida se estabeleça na terra e se construa o mundo novo, a espera da volta do Senhor e de seu reino eterno.

Com isso, queremos propor uma reavaliação do conceito de cristianismo, fazendo com que este seja mais pleno de obras e realizações, com mais pessoas se engajando na construção de um mundo melhor, conforme o ensinamento e a prática de Jesus.

2 – A PROMESSA DO MESSIAS

A experiência da Aliança realizada pelo povo de Israel foi, ao mesmo tempo, experiência de pecado e infidelidade do povo, e de misericórdia e libertação da parte de Deus. Essa Aliança é plenamente realizada na vida de Jesus Cristo: o messias anunciado pelos profetas e esperado pelo povo.

A palavra *messias*, na língua hebraica, significa "ungido, consagrado e enviado" para a missão de salvar o povo de todas as escravidões. O termo correspondente na língua grega é *Cristo*.

Jesus não veio abolir a antiga lei, mas dar-lhe pleno cumprimento. Veio em nome do Pai para realizar seu projeto: o Reino de Deus. O Filho de Deus foi concebido por ação do Espírito Santo e nasceu da Virgem Maria. O grande amor de Deus por nós se manifestou na encarnação de seu filho que, tornando-se homem, sem perder a divindade, vem nos libertar e salvar. "O Pai enviou seu Filho como Salvador do mundo" (1Jo 4,14).

O Verbo se fez carne e tornou-nos "participantes da natureza divina" (2Pd 1,4). Isso para que, entrando em comunhão com o Filho Único e recebendo a adoção filial, cada ser humano se torne filho de Deus. Jesus não é parte

Deus e parte homem. Ele é a admirável união da natureza divina e da natureza humana em uma única pessoa. É verdadeiro Deus e verdadeiro homem.

Ao entrar na natureza humana, o Filho de Deus assumiu o conhecimento humano limitado no tempo e no espaço, e aprendido de maneira experimental. Conforme diz o apóstolo Paulo, ele esvaziou-se de si mesmo e assumiu a condição de escravo (cf. Fl 2,7). Mas, ao mesmo tempo, continuou vivendo em plenitude a união eterna no mistério da Trindade.

Jesus amou-nos a todos, durante a vida, a agonia, a paixão e a morte na cruz. Como diz também Paulo: "Entregou-se por mim" (Gl 2,20), por cada um de nós. O Messias tinha clara sua missão e fez dela a opção fundamental de sua vida terrena: escolheu o Pai e o Reino.

3 – A VIDA ANÔNIMA DE JESUS EM NAZARÉ

A encarnação e a ressurreição iluminam toda a vida terrena de Jesus. Tudo o que ele fez e ensinou deve ser visto à luz dos mistérios do Natal e da Páscoa. Os evangelhos não falam quase nada sobre a infância e a vida de Jesus em Nazaré; e mesmo uma grande parte da vida pública dele é silenciada. A mensagem central dos evangelhos é a descoberta de que ele é o Cristo: "Jesus é o Cristo, o Filho de Deus, para que, crendo, tenhais a vida em seu nome" (Jo 20,31).

Tudo na vida de Jesus: gestos, palavras milagres, é sinal de mistério, como também tudo é revelação do Pai: seus atos, silêncio, palavras, sofrimento. "Quem me viu, tem visto o Pai" (Jo 14,9). Toda a graça redentora da vida, morte e ressurreição de Cristo é destinada a cada um de nós. Ele não viveu a vida terrena para si mesmo, e, sim, para nós.

Jesus é o homem perfeito que nos convida a nos tornarmos seus discípulos e discípulas e a segui-lo no caminho que ele abriu. Por seu despojamento, deu-nos o exemplo a seguir; por sua oração, apresentou-nos ao Pai e, por sua pobreza, convidou-nos a aceitar o despojamento e as perseguições. Jesus nasceu de uma família pobre, na humildade de um estábulo. Seu nascimento teve como testemunhas os pastores e os animais (cf. Lc 2,6-7).

Diz a liturgia do Natal: "Hoje a virgem traz ao mundo o Eterno, e a terra oferece uma gruta ao inacessível. Os anjos e os pastores o louvam. Os magos caminham com a estrela". A circuncisão foi feita no oitavo dia após o nascimento. É sinal da pertença de Jesus à descendência de Abraão, como também de sua capacitação para o culto de Israel. Ele faz parte do povo que espera o cumprimento das promessas.

A circuncisão é o rito de cortar a membrana externa do órgão genital masculino (à semelhança da cirurgia de fimose). Ser circuncidado significa estar marcado como membro do povo de Israel.

Epifania é uma palavra grega que significa "manifestação". Logo após o Natal, a Igreja celebra a epifania, isto é, a forma como os textos bíblicos apresentam Jesus: o Messias de Israel, o Filho de Deus e Salvador do Mundo. A vinda dos magos a Jerusalém para "prestar homenagem ao rei dos judeus" (cf. Mt 2,2) mostra que eles procuram, na luz messiânica da estrela de Davi, aquele que será o rei das nações. A apresentação de Jesus no Templo revela-o como o primogênito, o primeiro e único filho gerado pelo Pai. Jesus é reconhecido por Simeão e Ana, os anciãos do Templo de Jerusalém, que esperavam o messias que seria a luz das nações.

A fuga para o Egito e o massacre dos inocentes manifesta a oposição das trevas à luz e recorda a tentativa de extermínio do povo na época de Moisés. Toda a vida de Jesus transcorreu sob o signo da perseguição, que culminou em sua prisão, condenação e morte na cruz.

Durante a maior parte da vida, Jesus compartilhou a condição da imensa maioria das pessoas de sua época e de todos os tempos: uma vida cotidiana sem grandeza aparente, um trabalho cansativo para sobreviver e uma prática religiosa que propunha a fidelidade a Deus. A vida oculta em Nazaré permite que cada um de nós compreenda a vida de Jesus e se sinta também compreendido por ele.

4 – A VIDA PÚBLICA DE JESUS

A vida pública de Jesus tem início com seu batismo por João no rio Jordão. João pregava o arrependimento para a remissão dos pecados. Jesus veio dar nova conotação ao batismo, pois este se torna o início de sua missão.

Jesus com o batismo deixa-se contar entre os pecadores, ele, "o Cordeiro de Deus, aquele que tira o pecado do mundo" (Jo 1,29), antecipa sua morte violenta e submete-se por inteiro à vontade do Pai. Ele não tinha pecado, mas assumiu nossas dores. Aceita por amor o batismo da própria morte para a remissão dos pecados. Diz o relato bíblico que no batismo de Jesus abriram-se os céus (cf. Mt 3,16), indicando que os mistérios seriam revelados na pessoa de Jesus e as águas santificadas pela presença de Jesus e do Espírito Santo.

Os evangelhos falam de um tempo de solidão no deserto por quarenta dias. No final desse tempo, Satanás tenta Jesus por três vezes, procurando questioná-lo quanto à sua atitude filial para com Deus, e pretende tornar a liderança messiânica dele dependente da idéia do líder que a população abandonada tinha na época: o milagreiro, o guerrilheiro e o poderoso. Os evangelistas assinalam o significado desse fato. Jesus é o novo Adão, que foi fiel ao Pai lá onde o primeiro Adão sucumbiu. Jesus cumpriu plenamente a vocação de Israel, enquanto os antepassados provocaram a Deus durante os quarenta anos no deserto. Cristo se revela como servo de Deus, obediente à sua vontade. Ele vence Satanás. A tentação de Jesus manifesta a maneira que o Filho de Deus tem de ser messias: o oposto daquilo que lhe propõe Satanás e que os homens desejam que ele tenha: poder, força e prestígio.

Depois da prisão de João Batista, Jesus foi para a Galiléia e começou a proclamar o Evangelho, para cumprir a vontade do Pai. Assim, inaugurou o Reino dos Céus na terra, reunindo as pessoas em torno de si. Todos são chamados a participar do Reino Messiânico, mas para nele entrar é preciso acolher a palavra de Jesus.

Jesus é enviado a evangelizar os pobres. Declara-os bem-aventurados. Identifica-se com eles e faz do amor ativo e solidário a condição para se entrar no Reino dele. Convida os pecadores, revelando a misericórdia do Pai e convoca todos a se aproximarem dele, por meio das parábolas, que são típicas de seu ensinamento.

Jesus acompanha as palavras com inúmeros milagres, prodígios e sinais, que atestam ser ele o messias. Ao libertar as pessoas dos males da fome, da injustiça, da doença, da morte, opera sinais messiânicos os quais testemunham que o Pai o enviou. Não veio, entretanto, abolir todos os males, mas libertar o ser humano da única escravidão que é fonte de todo mal: o pecado.

Desde o início de sua vida pública, Jesus escolheu doze homens para com ele participarem da missão. Após a ressurreição, Cristo garantiu à Igreja a vitória sobre as potências da morte. O relato da transfiguração diz que Jesus mostrou sua glória divina, que passa pelo caminho da cruz. A transfiguração dá-nos uma visão antecipada da vinda gloriosa de Cristo e lembra que é preciso passar por muitas tribulações para entrar no Reino. A entrada triunfal em Jerusalém manifesta a vinda do Reino que o Rei Messias vai realizar pela Páscoa da sua morte e ressurreição.

5 – A CRUZ

Os sofrimentos e a morte de Jesus foram conseqüências da ação dele no meio do povo. Os líderes da nação judaica temeram que os repressores romanos o considerassem um líder revoltoso e destruíssem todo o povo por causa dele. Os anciãos, os sacerdotes e os doutores da Lei, reunidos no sinédrio, tomaram a decisão política de entregá-lo aos romanos, que o torturaram com a flagelação e o crucificaram.

> Os anciãos formavam uma classe social em Israel e compunham o sinédrio, espécie de tribunal judaico. Na maioria, eram grandes proprietários de terra e tinham poder político e religioso.

O sacerdócio era passado de pai para filho e sua função era pronunciar as orações e oferecer os sacrifícios no Templo de Jerusalém.
Os doutores eram os estudiosos de Israel. Interpretavam os fatos à luz da Lei.

Muitos atos de Jesus constituíram um sinal de contradição para as autoridades religiosas de Israel. Para muitos, Jesus parecia agir contra as instruções essenciais do povo eleito. Jesus teve pelo Templo de Jerusalém o mais profundo respeito. Considerou-o a morada do Pai e o reverenciou como casa de oração. Porém indignou-se e reagiu ao ver o átrio do Templo transformado em lugar de comércio e de câmbio de moedas.

As autoridades religiosas de Jerusalém não foram unânimes na conduta adotada em relação a Jesus. Muitos acreditaram nele. Mesmo assim, o sinédrio, após declará-lo passível de morte conforme a lei, na qualidade de blasfemador, mas sem o direito de condená-lo, entregou-o aos romanos, com a acusação de revolta política.

A morte violenta de Jesus, no contexto do projeto divino de salvação, é a morte do servo, do justo, conforme já havia sido anunciada pelos profetas. É o mistério de redenção universal, isto é, o resgate que liberta toda a Criação do pecado e da morte.

O apóstolo Paulo explica aos romanos esse mistério: "Deus não poupou seu próprio filho, mas o entregou por nós, a fim de que fossemos reconhecidos com ele" (cf. Rm 5,10; 8,32).

Diz a primeira carta de João: "Nisto consiste o amor: não fomos nós que amamos a Deus, mas foi ele que nos amou e enviou o seu Filho como oferenda de expiação pelos nossos pecados" (1Jo 4,10).

Cristo ofereceu-se ao Pai pelos nossos pecados, morreu por todos nós. Toda a vida de Cristo é oferecida ao Pai. No sofrimento e na morte, a humanidade dele tornou-se o instrumento livre e perfeito do amor divino que quer a salvação de toda criatura. Ele aceitou livremente a paixão e a morte por amor do Pai e da humanidade que quis salvar.

Jesus expressou de modo supremo a oferta de si mesmo na refeição que tomou com os doze apóstolos: "Isto é o meu corpo, que é dado por vós" (Lc 22,19).

Na agonia do Getsêmani, Jesus optou radicalmente pela entrega total nas mãos do Pai, na certeza de que ele o faria vencedor da morte (cf. Fl 2,8). "Pai, se quiseres, afasta de mim este cálice; contudo, não seja feita a minha vontade, mas a tua!" (Lc 22,42). A frase exprime o terror que a cruz e a morte representaram para a natureza humana de Jesus.

Jesus substituiu a nossa desobediência pela obediência dele. Assim como pela desobediência de um só homem todos se tornaram pecadores, também pela obediência de um só todos se tornam justos. Por sua paixão e morte na cruz, mereceu-nos a justificação. Jesus foi sepultado e provou a morte em favor de todos os seres humanos. No seu projeto de salvação, Deus dispôs que o Filho não somente morresse por nossos pecados, mas que também provasse a morte para solidarizar-se com nossa fraqueza.

A morte de Jesus foi verdadeira enquanto pôs fim à sua existência humana terrestre, mas a virtude divina preservou o corpo dele da corrupção, diferentemente do que acontece com os restos mortais de qualquer ser vivo. A expressão "desceu à mansão dos mortos" revela que Jesus conheceu a morte como todos os seres vivos.

6 – A RESSURREIÇÃO

A maior prova do amor de Cristo para com a humanidade foi sua morte na cruz. E para nós, cristãos, a maior prova de fé está na ressurreição. Libertado da morte, Jesus saiu vivo e glorioso do sepulcro. São Paulo diz aos coríntios: "E se Cristo não ressuscitou, a nossa pregação é sem fundamento, e sem fundamento também é a vossa fé" (1Cor 15,14).

Por várias vezes, Cristo predisse que iria morrer e, após três dias, iria ressuscitar. Não seria, porém, uma volta miraculosa à vida, como a que aconteceu com a filha de Jairo, com o jovem de Naim ou com Lázaro, que foram revitalizados na vida terrestre e mais tarde tornaram a morrer. A ressurreição de Cristo foi plena e definitiva. Repleto do Espírito Santo, Jesus deu testemunho, aparecendo às mulheres que visitaram o túmulo dele, a Pedro e aos outros discípulos.

Por sua morte, Jesus nos libertou do pecado e, pela ressurreição, abriu-nos a porta da nova vida. Cristo ressuscitado é princípio e fonte de nossa ressurreição.

7 – RESUMO

- Messias – realização plena da aliança.
- O Verbo se fez carne e habitou entre nós.
- Jesus Cristo – verdadeiro Deus e verdadeiro homem.
- Natureza humana de Jesus.
- Toda a vida de Cristo foi um contínuo ensinamento.
- A encarnação e a ressurreição iluminam a vida de Cristo.
- Pelo batismo morremos e ressuscitamos, até que com ele reinemos.
- A tentação no deserto mostra Jesus como o messias humilde que triunfa sobre os projetos diabólicos.
- O Reino dos Céus foi inaugurado na terra por Jesus de Nazaré.
- A transfiguração de Jesus tem por finalidade fortificar a fé dos discípulos.

- Jesus voluntariamente foi a Jerusalém, mesmo sabendo que aí morreria.
- A entrada triunfal em Jerusalém manifesta a vinda do Reino que o Rei Messias vai realizar por meio da morte e da ressurreição.
- Jesus não aboliu a Lei, venerou o Templo e realizou atos que manifestam ser ele o próprio Deus Salvador.
- Cristo morreu na fidelidade completa ao Pai.
- Cristo ressuscitado é o princípio e a fonte da nossa ressurreição.

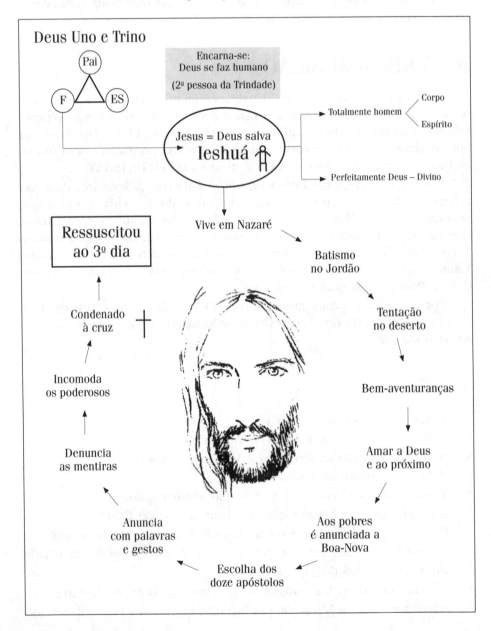

8 – REFLETIR POR MEIO DE DINÂMICAS

Dobradura

Objetivos: compartilhar e aprofundar a reflexão... utilizando as mãos e a mente.

Fazer uma reflexão que leve cada participante a sentir-se importante, já que é capaz de criar e, ao mesmo tempo, refletir e falar sobre um tema.

Materiais: papel para dobradura e uma folha de cartolina azul.

Desenvolvimento:

Exemplos:

O barco: tema – vocação.

Todos constroem um barquinho e depois compartilham idéias:
- Por que o barco é importante?
- O que ele faz?
- Ele está a serviço de quem? Por quê?
- Pode um barco grande ou pequeno ficar parado no porto? Por quê?

Ler os textos: Mt 4,18-22; Mc 1,16-20.

Refletir:
- Assim como o barco está a serviço, Jesus nos chama para estar a serviço uns dos outros.
- Quem Jesus chama? Como chama? Por que chama?
- Cada qual pode escrever no seu barquinho o que vai fazer para seguir a Jesus.

Após o diálogo, colar os barcos sobre a cartolina para figurar o mar, que simboliza a realidade na qual todos vão viver e praticar a missão.

A caixa: tema – a vida pessoal.

Utilizando a dobradura de uma caixa, cada participante pode comparar-se a ela.
- O que queremos colocar dentro dela?
- O que queremos tirar para jogar fora?
- Que tesouros queremos guardar na caixa?
- O que gostaríamos de tirar da caixa e dar para diversas pessoas: familiares, pobres, doentes, idosos, amigos...?

Ler os textos: Mt 12,35; Mt 13,44; Lc 12,33-34.

Refletir:
- Quais são os nossos tesouros?
- Que tesouros queremos comprar?
- Quem é o homem bom que tira coisas boas de seus tesouros?

Conclusão:
- Escrever uma mensagem, colocá-la na caixa e oferecê-la a alguém do grupo.
- Escrever os nomes dos familiares e dizer por que eles são um tesouro.
- Escrever uma prece, oferecendo a Deus os tesouros que temos, e guardá-la na caixa.
- Escrever nomes de pessoas que são os tesouros de Deus: crianças, doentes, moradores de rua, desempregados...
- Fazer um ofertório, colocando as caixinhas diante do altar.

Gravura

Objetivo: compartilhar a própria vida em um momento de oração comunitária.

Materiais: gravuras sugestivas de jornais ou revistas.

Desenvolvimento:
Espalhar as gravuras no chão.

Utilizar algumas perguntas para refletir:
- O que a gravura diz para a minha vida?
- O que ela fala de Deus para mim?
- O que posso apresentar a Deus, por meio da figura?
- O que ela sugere para mudar minha vida?

9 – MOMENTO DE ESPIRITUALIDADE

Jesus é luz

Materiais: se o grupo não for numeroso, cada pessoa poderá ter uma vela. Durante a partilha, acender a primeira e depois passar a chama para a pessoa ao lado. Ou, então, pode haver uma só vela como símbolo.

Mantra: "Ó luz do Senhor que vem sobre a Terra, inunda meu ser, permanece em nós" (cantar várias vezes, baixando sempre mais o volume da voz).
Ler o texto: Jo 8,12.
Repetir o mantra.

Partilha: cada componente acenderá a vela e, enquanto isso, responderá em poucas palavras:
- Como posso ser luz no mundo?
- Como levar a luz que é Cristo?

Repetir o mantra.

Ainda com a vela acessa, lembrar pessoas que são luz na comunidade, na Igreja, no mundo.

Lembrar Maria, que é exemplo de luz no mundo, e pedir a intercessão dela para que sejamos cada vez mais luz.

Rezar três ave-marias.

Repetir o mantra.

Motivar: vamos apagar as velas, mas não a luz que Cristo nos enviou pelo batismo e continua a nos enviar por sua Palavra e sua graça.

10 – AVALIAÇÃO

Por que é necessária a avaliação?

- Faz perceber as falhas e os acertos.
- Ajuda a planejar melhor.
- Cria laços de sinceridade e clareza, que geram maior respeito e fraternidade.
- Faz perceber melhor os caminhos, isto é, as ações mais urgentes.
- Ajuda a corrigir caminhos, aprimorar métodos, alcançar objetivos, adquirir segurança.
- É ação realizada em conjunto: catequistas, catequizandos, comunidade, pároco, famílias.
- Ajuda a entender as relações interpessoais, o método nos encontros e na comunidade, os conteúdos, o planejamento, a atuação na transformação social, a qualidade dos encontros, das celebrações, das atividades...

Como podemos avaliar?

Existem muitas maneiras de avaliar. Até uma simples pergunta pode ajudar, como:

Gostaram do encontro? Por quê? Teremos respostas avaliativas.

A melhor forma de avaliar é a observação, que não terá a finalidade de medir resultados, mas de favorecer o crescimento, a mudança de atitudes, a conversão, a participação mais efetiva e afetiva na comunidade. A observação pode ser feita pelo próprio grupo, em vista da correção fraterna de algumas atitudes.

A seguir, propomos algumas dinâmicas de avaliação que podem ajudar na caminhada da catequese.

- Utilizar algo próprio da cultura local e sobre esse elemento criar a avaliação.

A árvore da caminhada catequética:

- O grupo desenha uma árvore típica da região e avalia, escrevendo em cada parte, o significado dela.
- O que colocamos nas raízes, no tronco, nas folhas, nas flores e nos frutos?
- O que significam os galhos e as folhas secas, os frutos podres?
- Utilizar tiras de papel.

Organizar as pessoas em grupos.

Dar uma tira de papel para cada um escrever:

- O que queremos felicitar do nosso trabalho catequético?
- O que queremos criticar?
- O que queremos sugerir?

Terminado o trabalho de grupo, expor as tiras em três blocos e lê-las.

Acentuar as coincidências ou o pensamento mais freqüente.

Dialogar a respeito do conteúdo das tiras.

Com as próprias tiras, formar símbolos como: um sol para felicitações, uma casa sem base para as críticas e uma estrada para as sugestões.

V – SEGUIR JESUS, A MISSÃO

1 – CONTINUEM A OBRA DE JESUS, A IGREJA

O Evangelho, na tradição cristã, é a Boa-Nova de Jesus, conservada pelo relato oral das primeiras comunidades. As narrativas foram escritas muitos anos depois da morte e ressurreição de Jesus. Por isso, começamos vendo a história da Igreja que tem início em Pentecostes. A ascensão de Jesus deixou os discípulos confusos: diz o relato bíblico que eles ficaram a olhar para o céu sem saber o que fazer. Na mesma hora, aproximaram-se deles dois homens vestidos de branco e lhes perguntaram: "Homens da Galiléia, por que ficais aqui, parados, olhando para o céu? Esse Jesus que, do meio de vós, foi elevado ao céu, virá assim, do mesmo modo como o vistes partir para o céu" (At 1,11).

2 – O ESPÍRITO SANTO VEM

A narrativa de Pentecostes (cf. At 2,1-13) inaugura o testemunho cristão, tendo Jerusalém como ponto de partida. A ação evangelizadora começa em Jerusalém e vai até os confins do mundo. Para Lucas, o escritor do livro dos Atos dos Apóstolos, Jerusalém é ponto de chegada e ponto de partida. É o lugar da manifestação do Espírito Santo de Deus, o Espírito do Senhor ressuscitado, que encoraja os apóstolos para a missão.

A palavra *pentecostes*, na língua grega, significa "qüinquagésimo", isto é, cinqüenta dias após a Páscoa judaica. Nas origens, a solenidade de Pentecostes era uma alegre festa agrícola de Israel, na qual se ofereciam a Deus os melhores feixes da colheita. Era um momento de encontro das famílias e de partilha com os mais necessitados. Celebrava-se após sete semanas, ou seja, cinqüenta dias depois da Páscoa. No tempo de Jesus, Pentecostes era uma das grandes festas anuais de peregrinação do povo a Jerusalém.

Baseado nas tradições e costumes judaicos a respeito da festa da colheita, o autor dos Atos dos Apóstolos construiu sua narrativa para falar de um novo pentecostes: a presença do Espírito Santo guiando a missão dos evangelizadores no anúncio da Palavra de Deus.

As primeiras comunidades de seguidores de Jesus procuraram viver no mesmo espírito do mestre. Para elas, a pessoa de Jesus passou a dar o rumo e o significado de suas vidas e o critério de interpretação das tradições judaicas. A convivência com a comunidade judaica tradicional foi se tornando difícil. Muitos escritos do Novo Testamento revelam os conflitos que existiram na construção da nova identidade cristã. Isto se mostra nas cartas do apóstolo Paulo, nos evangelhos e no livro dos Atos dos apóstolos.

Os capítulos 1 a 5 do livro dos Atos apresentam o testemunho dos apóstolos em Jerusalém. Para os cristãos daquela primeira comunidade, o seguimento de Jesus significou uma experiência nova em relação às antigas tradições religiosas. Por isso sentiram-se comprometidos com uma nova tarefa: anunciar a Palavra de Deus conforme a ensinou Jesus.

A esperança no Messias era muito forte no meio do povo. Depois da ascensão de Jesus, os discípulos ficaram esperando que ele voltasse a qualquer momento para realizar o julgamento do mundo. Foi essa expectativa do retorno imediato de Cristo, chamada *parusia*, na língua grega, que animou as comunidades cristãs do tempo dos apóstolos a viver de modo tão radical a ponto de vender os bens e colocar tudo em comum. Mas o tempo foi passando, as tensões crescendo, e Jesus não retornava. As comunidades viram a urgência de repensar sua esperança. Foi no contexto desses "novos tempos" que Lucas escreveu os Atos dos Apóstolos. Para ele, entre o tempo de Jesus e o tempo da parusia, existe o "tempo da Igreja", que precisa ser levado a sério. É por isso que, ao lado da afirmação da ressurreição de Jesus, Lucas coloca o encargo que Jesus dá aos apóstolos de serem testemunhas dele desde Jerusalém até os confins da terra (cf. At 1,6-8).

3 – SINAIS DO ESPÍRITO SANTO NO LIVRO DOS ATOS

Vemos no livro dos Atos que o Espírito Santo protagoniza tudo: unge os discípulos para a missão e lhes concede muitos dons. É também o Espírito que abre os olhos de Paulo, o perseguidor, e faz dele o grande missionário. É o Espírito que impulsiona a Igreja e confirma a expansão da fé para os gentios (cf. At 9,17-18; 15,8-9).

Em resposta, as comunidades procuram viver conforme o Espírito. Isso significa uma forma de viver. Os primeiros capítulos do livro dos Atos apontam para dois sinais da vida conforme o Espírito: a fidelidade ao projeto de Jesus e a comunhão fraterna.

A fidelidade a Jesus era baseada no sinal tríplice:

Palavras – como Jesus anunciou o Reino de Deus com palavras e prodígios, no livro dos Atos, os discursos dos apóstolos fazem ressonância às palavras de Jesus. Os discursos estão presentes em todo o livro, constituindo um dos elementos literários estruturais da teologia de Lucas.

Milagres – as narrativas de milagres são abundantes. Acompanham o testemunho dos discípulos em Jerusalém e também são análogas aos de Jesus (cf. At 3,1-10; At 16,16-18; 16,25-26; 19,11-16; 20,7-12; 27,13-44; 28,7-10).

Perseguições – assim como Jesus sofreu perseguições, também os apóstolos sofreram suspeitas, calúnias, castigos, prisões e morte. Além das ameaças de fora, existiam as tensões internas. Em paralelo com a incompreensão que Jesus sofreu, até mesmo por parte dos discípulos, Lucas não esconde os conflitos da própria comunidade (cf. At 15,1-5).

4 – OS PILARES DA VIDA EM COMUNIDADE

Um sinal do tempo da Igreja no livro dos Atos é a vida comunitária. O retrato da comunidade ideal aparece em Atos 2,42-47: eles eram perseverantes em ouvir o ensinamento dos apóstolos, na comunhão fraterna, na fração do pão e nas orações. O mesmo retrato é retocado com os traços que aparecem nos relatos de Atos 4,32-35 e 5,12-12. O cristão sabe que não está só no mundo. Por isso, as primeiras comunidades tinham quatro colunas de sustentação da vida e do testemunho da fé:

Perseverança no ensinamento dos apóstolos – o testemunho daquilo que os apóstolos presenciaram e ouviram de Jesus, manifestado pelos discursos e pelos prodígios, é a expressão da fidelidade a Jesus.

Comunhão fraterna – é a partilha dos bens como vemos no relato de Atos 2,42-47: viviam unidos e possuíam tudo em comum; vendiam as propriedades e os bens e repartiam entre todos, conforme a necessidade de cada um. Outras referências do livro dos Atos retomam o tema da partilha fraterna como serviço diário, em favor de pessoas necessitadas (cf. At 6,1-2), ou socorro enviado pelos cristãos de Antioquia aos irmãos da Judéia (cf. At 11,27-30). Em Atos, a experiência da vida partilhada é reconhecida como dom do Espírito Santo. Nessa ótica podemos entender o pecado contra o Espírito, cometido por Ananias e Safira. O crime não está no fato de não partilhar, até porque a comunhão fraterna não é obrigação ou lei. A morte está na mentira, na falsidade. Gente assim é um peso morto para a comunidade.

Fração do pão – a base da prática cristã é a tradição judaica: é o costume cotidiano do chefe da casa de repartir o pão entre os membros da família, no gesto de dizer "bendito", agradecendo a Deus. Entre os cristãos, a fração do pão adquire um novo sentido: é a celebração da Páscoa de Jesus, em que ele se entrega como cordeiro pascal. É a refeição comida em memória de Jesus (cf. Lc 22,19).

Oração – as orações cotidianas em casa, nas sinagogas e no Templo faziam parte da piedade do povo judeu. Os primeiros cristãos continuaram a freqüentar o Templo e as sinagogas e a ler a *Torá*. O livro de Atos traz apenas duas passagens em forma expressa de oração. E as duas dizem respeito a Jesus: a oração de Estêvão (cf. At 7,59) repete palavras de Jesus na cruz e a oração da comunidade reunida (cf. At 4,23-31) retoma algumas afirmações do projeto de Jesus.

> A *Torá* é a Sagrada Escritura judaica. Compõe-se dos cinco livros chamados "de Moisés", os quais, na tradição cristã, são denominados "pentateuco". A *Torá* era – e é ainda hoje – conservada na sinagoga, em um armário chamado "arca santa". Todos os sábados é proclamada e explicada à comunidade. Diante dela brilha uma lâmpada que, na liturgia da sinagoga, se chama "luz eterna".

5 – O NOVO RUMO DO ESPÍRITO (O CONCÍLIO DE JERUSALÉM)

As inúmeras narrativas acerca da adesão de pagãos, mediante a ação missionária de Paulo, e os discursos do livro dos Atos que explicam o novo rumo da Igreja preparam o debate a respeito da obrigatoriedade da circuncisão para os pagãos. O Concílio de Jerusalém edita o decreto dos apóstolos sobre a missão entre os pagãos, independentemente da observância da lei judaica.

Em Atos, Pedro é a figura decisiva do concílio, na hora da grande virada de rumo. É apresentado expressamente como o evangelizador dos pagãos. Por quê? Porque para Lucas é importante mostrar que a evangelização não se atribui somente ao fervor de um missionário zeloso como Paulo. Mais da metade do livro é dedicada ao trabalho de Paulo entre os pagãos, mas, ao mesmo tempo, Lucas deixa claro que a evangelização não é apenas missão de Paulo, e, sim, de toda a Igreja. Por isso, o compromisso com os pagãos é decisão da Igreja. Assim como Pedro ocupa a posição de liderança, ele é o primeiro a marcar a presença da Igreja entre os pagãos.

A controvérsia acerca da circuncisão na Igreja de Antioquia (cf. At 15,1-2), que motivou a reunião entre os apóstolos, foi "a gota d'água" de um conflito que já estava "com as medidas cheias". De um lado, a pregação de Paulo e Barnabé aos pagãos e a tendência helenista da comunidade de Antioquia, muito liberal em relação aos costumes judaicos. De outro, cristãos de origem judaica, presos às antigas tradições e confusos diante da formação de comunidades cristãs entre os gentios que não conhecem a exigência da circuncisão nem a obediência à lei de Moisés.

É Pedro quem faz a intermediação, assumindo um posicionamento favorável a Barnabé e a Paulo. Justifica, assim, a missão entre os pagãos, livre das tradições judaicas. A doutrina que surge das discussões do concílio pode ser resumida assim: pela graça do Senhor Jesus Cristo, são chamados a fazer parte da Igreja tanto os judeus como os gentios (cf. At 15,11). Dessa forma, o Concílio desautoriza aqueles que pretendiam condicionar a gratuidade da salvação às exigências da circuncisão e às leis de pureza.

O decreto apostólico do concílio é fruto de um acordo fundamental entre as tendências conflitantes e tem como base uma teologia aberta e madura.

6 – O TESTEMUNHO ATÉ OS CONFINS DA TERRA

Após o Concílio de Jerusalém, o cristianismo expandiu-se ainda mais, com os missionários organizando comunidades em grandes cidades do mundo grego e do romano, como Corinto e Éfeso. Toda a segunda metade do livro dos Atos dos Apóstolos é dedicada ao testemunho cristão entre os pagãos, até os confins da terra.

O apóstolo Paulo exerce um papel de destaque na missão aos gentios. A vocação missionária dele é considerada um dos acontecimentos mais importantes dos primeiros tempos do cristianismo. A missão dele é marcada pelo esforço de anunciar o Evangelho em um contexto cultural bem diferente daquele em que o Evangelho nasceu.

O anúncio do Evangelho até os confins do mundo, conforme é proposto no livro dos Atos, alcança sua realização com a presença de Paulo em Roma, a capital do Império.

---

7 – OS DESAFIOS À IGREJA

O que identifica a Igreja em sua missão é a perseverança no agir dinâmico, na realidade da vida e na procura constante de respostas para os novos desafios. Sob esse enfoque, o retrato da comunidade cristã que aparece nos primeiros capítulos de Atos não é propriamente uma descrição histórica da comunidade de Jerusalém, mas é o projeto ideal de vida para uma comunidade cristã.

Assim como em Atos, também hoje a Igreja é desafiada a procurar novas linguagens e formas para comunicar a fé, dentro de uma convivência de amizade, de solidariedade e de partilha, na realidade pluralista do mundo contemporâneo.

A Igreja é chamada a criar um contexto de sinceridade e defesa contra mentiras exibicionistas, como no relato a respeito de Ananias e Safira (cf. At 5,1-11). Hoje ela continua sendo convocada ao testemunho transparente da fé e ao diálogo com a cultura pós-moderna. A ação missionária precisa ir ao encontro de quem pensa de modo diferente e está à procura de respostas. O novo desafio hoje é ser capaz de construir unidade na diversidade, tanto pelo testemunho como pelo anúncio do Evangelho.

É essencial que a Igreja seja criativa na multiplicação das comunidades, reconhecendo valores morais, éticos, humanos e teológicos fora do ambiente dela, pois Deus não faz distinção entre as pessoas (cf. At 10,34-35).

Cabe, então, uma pergunta: como saber se estamos no caminho certo?

A certeza do caminho é a transformação da realidade, cujos sinais são novas relações, fraternidade e partilha, liberdade e justiça, a fim de que todos tenham vida e a tenham em abundância, assim como quer Jesus (cf. Jo 10,10).

8 – O SIGNIFICADO DA PALAVRA CATÓLICO

A palavra grega *católico* significa "universal", isto é: para todos os povos. Conforme o ensinamento do *Novo catecismo da Igreja católica*, a Igreja é católica no sentido de totalidade e de integridade (cf. n. 830). Primeiro, porque nela Cristo está presente. "Onde está Cristo Jesus, está a Igreja católica" (cf. n. 1499), isto é, a Igreja era católica no dia de Pentecostes e o será sempre, até o dia da parusia. Segundo: é católica porque é enviada em missão por Cristo à universalidade, isto é, a todo o gênero humano.

9 – A TRADIÇÃO APOSTÓLICA E O MAGISTÉRIO DA IGREJA

Ainda conforme a doutrina do catecismo, para que o Evangelho se conservasse inalterado e vivo na Igreja, os apóstolos deixaram como sucessores os bispos, a eles transmitindo seu próprio encargo de magistério. Com efeito, a pregação apostólica, que é expressa de modo especial nos livros inspirados, devia conservar-se por uma sucessão contínua até a consumação dos tempos.

Esta comunicação viva, realizada no Espírito Santo, é chamada Tradição, enquanto distinta da Sagrada Escritura, embora intimamente ligada a ela. Por meio da Tradição, a Igreja, em sua doutrina, vida e culto, perpetua e comunica a todas as gerações tudo o que ela é e tudo aquilo em que crê. Assim, a comunicação que o Pai fez de si mesmo, por seu filho, permanece presente e atuante na Igreja.

A Sagrada Escritura e a Tradição devem ser aceitas com igual sentimento de acolhida e reverência. O ofício de interpretar a Palavra de Deus foi confiado ao magistério da Igreja, cuja autoridade é exercida em nome de Jesus Cristo, isto é, foi confiada aos bispos em comunhão com o papa, que é bispo de Roma, portanto sucessor de Pedro. Todavia, tal magistério não está acima da Palavra de Deus, mas a serviço dela. Os fiéis, lembrando-se do ensinamento de Cristo a seus apóstolos: "Quem vos escuta, é a mim que está escutando" (Lc 10,16), recebem com docilidade as diretrizes que os pastores lhes dão sob diferentes formas (cf. nn. 75-95).

10 – REFLETIR POR MEIO DE DINÂMICAS

Qual é o nosso rosto?

Objetivo: despertar a conscientização a respeito de nossa missão como Igreja e na vida em comunidade.
Material: o desenho de um corpo humano, feito em papel ou papelão, cortado em partes: pernas, pés, tronco, braços, mãos (se necessário, cortar os membros em vários pedaços, conforme o número de participantes da dinâmica).
Desenvolvimento:
Primeiro passo: a montagem
- Distribuir as partes do corpo entre os presentes.
- Proclamar com calma o texto de 1Cor 12,12-27.
- Pedir às pessoas que, espontaneamente, montem o corpo humano, mas sem a cabeça.

Segundo passo: a partilha
Pedir a todos que falem:
- Que importância tem cada órgão em mim e na Igreja?
- O que isto tem a ver com a nossa comunidade, o grupo, a Igreja?
- Como e onde nós precisamos um do outro?

Terceiro passo: a reflexão
Pedir que reflitam:
- O que falta no corpo apresentado? Onde está o rosto?
- Que rosto têm a nossa Igreja e nossa comunidade?
- Que rosto têm a nossa juventude, as nossas crianças, nossas famílias e os idosos?
- Conhecemos o rosto do Cristo Ressuscitado?
- Onde está o rosto de Jesus, que nos chama para construir uma vida mais bonita, digna e justa?

Encerrar com uma música.

11 – MOMENTO DE ESPIRITUALIDADE
Chamado a ser apóstolo

Materiais: círio pascal, Bíblia, gravuras, pedras, flores, mapa-múndi, recortes de jornal...

Desenvolvimento:
- Pedir a todos que, em pé, formem um círculo, em volta dos símbolos.
- Fazer a leitura do texto de Mateus 10,1-4, no qual Jesus chama cada apóstolo pelo nome.
- Pedir a cada participante que, após a leitura, diga o próprio nome para tomar consciência de que é também incluído entre os continuadores da missão de Jesus Cristo.
- Sugerir a cada um que tome um dos símbolos e, por meio dele, compartilhe: O que significa ser seguidor de Jesus no mundo de hoje?

12 – AVALIAÇÃO

- Quais os principais aspectos encontrados no livro dos Atos dos Apóstolos?
- Como era possível perceber os sinais do Espírito Santo nas primeiras comunidades?
- Quais são os pilares que mantêm firme a vida comunitária?
- Qual a nossa missão hoje como Igreja de Cristo?
- O que significa ser católico?

VI – ANEXOS

1 – CATEQUESE LITÚRGICA

A) Missa, a ceia do Senhor e da comunidade

A palavra *missa* vem do latim e significa "ir em missão". A atitude missionária e evangelizadora do cristão nasce da participação na Ceia do Senhor. A identidade cristã é eucarística. A palavra *eucaristia* vem do grego e significa "ação de graças". É Jesus Cristo que preside o louvor de todo o universo e de todas as criaturas, ao Pai e ao Espírito Santo.

Na ceia pascal, Jesus olhou para o céu, deu graças, partiu o pão e entregou-o aos discípulos. Esta ação de graças é também sacrifício e oferta de si mesmo ao Pai e aos irmãos.

RECORDAÇÃO DA SANTA CEIA, O ÚLTIMO JANTAR DE JESUS COM OS DISCÍPULOS

Uma ceia

Se considerarmos a idéia de refeição, pensemos nas quatro partes da missa:
1. Chegada e acolhida.
2. Tempo de conversas, escuta, comunicação.
3. Sentar-se à mesa, comer e beber.
4. Despedida, até a próxima vez.

Local da ceia

Três móveis são muito importantes nessa ceia:

A mesa do altar – sobre a qual partilhamos o pão e o vinho. Na verdade, essa mesa simboliza o próprio Cristo que se entrega por nós sempre, para que tenhamos mais vida e alegria.

A estante da Palavra – chamada ambão, sobre a qual se coloca o livro com a Palavra de Deus para ser proclamada à assembléia. Pode-se comparar ao diálogo que acontece antes de uma refeição. Essa mesa deve ser muito valorizada.

A cadeira do presidente (padre ou bispo), chamada cátedra, isto é, lugar daquele que ensina. Por isso, a igreja onde o bispo preside e faz a homilia chama-se catedral.

O presidente da celebração não é apenas um convidado especial, ele representa o próprio Cristo nesta ceia, por isso deve orientar o diálogo, comentar, ler e rezar e deve também servir a mesa. O padre, na missa, representa Cristo servindo o povo.

Livros utilizados durante a ceia

O missal – contém as orações que compõem o rito da missa. Nele se encontram também preces diferentes para cada domingo do ano.

O lecionário – no qual são lidos os textos bíblicos apropriados para cada dia do ano litúrgico.

Os folhetos e fichas de cantos – para que a comunidade participe, rezando e cantando, durante a celebração.

Objetos necessários para a celebração da missa

A cruz – recorda que a ceia é memorial do sacrifício de Cristo, que morreu e ressuscitou por nós. Ele é o presidente e o centro de tudo, como ele mesmo diz: "Fazei isto em memória de mim".

As velas – são sinais da fé. A luz acaba com as trevas da vida e a fé dá significado à nossa doação e faz com que nossa vida vá se consumindo aos poucos, como cera da vela, para iluminar.

As flores – enfeitam o ambiente para a ceia e simbolizam o aspecto festivo da ação de graças. Representam toda a natureza que participa da celebração eucarística de Cristo.

O cálice – usado por Jesus na Última Ceia, representa também o copo que usamos para beber durante a refeição.

A patena – é como os pratos, nos quais compartilhamos e ofertamos os alimentos.

Os guardanapos – três tipos de guardanapos são usados na mesa da eucaristia: o *corporal*, que é estendido sobre o altar; o *sangüíneo*, que serve para purificar o cálice; e o *manustérgio*, usado pelo sacerdote para enxugar as mãos, após lavá-las, antes da consagração.

A toalha – é sinal de mesa posta para refeição. Em nossa casa usamos a toalha para almoçar ou jantar.

Todos esses objetos, aparentemente comuns, tornam-se muito importantes porque são usados no rito da missa, no qual se transubstanciam o pão e o vinho em corpo e sangue reais de Jesus Cristo. Por isso não se usa qualquer toalha ou qualquer cálice. Os objetos litúrgicos são consagrados e usados somente para o serviço do altar.

Gestos e atitudes

Cantar – "é rezar duas vezes". Toda festa tem música, que ajuda a compreender e interiorizar melhor o que é celebrado.

Estar em pé – é sinal de prontidão, acolhida e respeito por quem fala.

Sentar-se – é posição de escuta, descanso, maior descontração.

Ajoelhar-se – é reconhecer que estamos diante do único e verdadeiro Deus.

Erguer os braços – simboliza desarmar-se diante de Deus, como que "mãos ao alto" de quem suplica e louva ao mesmo tempo.

Dar o abraço da paz – recordar que somos amigos, irmãos e queremos ser unidos. É um gesto que vem das comunidades dos primeiros cristãos.

Pessoas e ministérios

O presbítero – preside a celebração em nome de Cristo Sacerdote, anima, coordena, explica a mensagem da Palavra de Deus, reza e convida a rezar.

Os ministros extraordinários da comunhão – auxiliam o sacerdote na distribuição do pão eucarístico aos participantes da ceia do Senhor.

Os leitores – proclamam as leituras da Palavra de Deus.

Os comentaristas – introduzem cada parte da missa com uma breve reflexão.

Os cantores – entoam as músicas e as orações cantadas, que devem ser acompanhadas por toda a assembléia.

Os coroinhas ou acólitos – ajudam o sacerdote durante a cerimônia, principalmente na liturgia eucarística.

B) Roteiro da celebração eucarística

I) RITOS INICIAIS

Deus nos reúne

Permanecemos em pé.

Comentário inicial – introduz o tema da celebração e o canto de entrada.

Procissão de entrada – os coroinhas e o sacerdote, presidente da celebração.

Saudação inicial – conforme o rito da missa.

Ato penitencial – atitude de penitência e de perdão.

Canto do glória – louvor, alegria, gratidão ao Pai, ao Filho e ao Espírito Santo.

Oração da coleta – as intenções que estão no coração de cada um são reunidas pelo presidente e apresentadas a Deus. Após o "oremos", todos rezam em silêncio por um breve tempo.

II) LITURGIA DA PALAVRA

Deus nos fala

Local – a estante da Palavra.

Primeira leitura – geralmente é extraída de um texto do Antigo Testamento. Ao ser anunciada, todos se sentam em atitude de escuta.

Salmo de resposta – ajuda a meditar e rezar, aprofundando a mensagem central da primeira leitura.

Segunda leitura – é sempre um trecho do Novo Testamento. Faz parte somente da liturgia dos domingos e das festas.

Aclamação ao Evangelho – é um cântico de saudação à Boa-Nova de Jesus que será proclamada. Canta-se em pé, em sinal de prontidão.

Proclamação do Evangelho – são palavras do próprio Jesus. Antes da leitura, ao respondermos "Glória a vós, Senhor", traçamos três cruzes sobre nós: na cabeça, na boca e no coração, para que Deus purifique nossos pensamentos, palavras e sentimentos, a fim de ouvirmos melhor o santo Evangelho.

Homilia ou *sermão* – é o momento em que o sacerdote ilumina a vida da comunidade com a luz dos textos da Palavra de Deus que foram lidos. A assembléia senta-se para ouvir a homilia.

Proclamação da fé da Igreja – o Creio, rezado somente aos domingos ou festas, é a síntese da fé professada por toda a Igreja. Reza-se em pé.

Oração universal da Igreja, ou *prece dos fiéis* – são pedidos ou agradecimentos que a comunidade apresenta a Deus na conclusão da liturgia da Palavra. Geralmente a resposta é "Senhor, atendei a nossa prece". Pode ser cantada. A assembléia permanece em pé.

III) LITURGIA EUCARÍSTICA
Deus nos alimenta

Local – a mesa eucarística.

Apresentação das ofertas – enquanto se canta, as pessoas da comunidade levam até a mesa o pão e o vinho, a matéria que Jesus escolheu para concretizar a presença dele entre nós após a ressurreição. O presidente da assembléia apresenta a Deus as ofertas que simbolizam também toda a vida humana. As pessoas permanecem sentadas para ver melhor a procissão e a oferta do pão e do vinho.

Oração sobre as oferendas – a comunidade participa, respondendo à oração do presidente... "Recebe Senhor, por tuas mãos, este sacrifício...".

Prefácio – a palavra vem do latim e significa "o que vem antes". É o grande louvor ao Pai, antes da consagração, por ter enviado Jesus Cristo ao mundo. Conclui-se com a proclamação de que só Deus é Santo e fonte de toda santidade.

Consagração – invocação do Espírito Santo para transubstanciar o pão e o vinho em corpo e sangue de Cristo. O sacerdote repete as mesmas palavras de Jesus na Última Ceia. A comunidade permanece de joelhos, mas não de cabeça baixa, e, sim, olhando para a mesa, onde Cristo se oferece a nós todos.

A transubstanciação é a mudança de substância. Pela força do Espírito Santo, nas palavras que o padre pronuncia na hora da consagração, o pão e o vinho deixam de ser simples matéria e passam a ser o corpo real de Jesus Cristo ressuscitado. A forma aparente, porém, permanece de pão e de vinho. Por isso, o sacerdote exclama: "Eis o mistério da fé".

Aclamação à consagração – o sacerdote apresenta o mistério no qual nós cremos, mas que não compreendemos. Agora o pão e vinho são corpo e sangue de Jesus Cristo. A comunidade levanta-se e responde: "Anunciamos Senhor...". Quem anuncia a ressurreição está de pé: postura da vida, de certeza e de prontidão. A morte prostra e derruba. A ressurreição levanta e renova as energias. Segue a grande oração pela Igreja e por aqueles que já chegaram ao fim da vida terrena.

Doxologia final – "Por Cristo, com Cristo..." – a palavra *doxologia* vem do grego e significa "dar glória a Deus". É o fim e a meta da Igreja, que caminha nas pegadas de Jesus Cristo. Embora alguns sacerdotes convidem a assembléia a rezar com ele, o correto, conforme o rito litúrgico, é que somente o presidente reze essa aclamação e a comunidade responda "Amém". Trata-se de uma entrega de toda a humanidade e de todo o universo ao Pai por Cristo no Espírito Santo.

Preparando a comunhão

Pai-nosso – o presidente convida a assembléia a rezar a mesma oração que Jesus ensinou aos apóstolos. Dessa forma, todos, antes de comungar, se comprometem com o Pai e com os irmãos na construção do Reino. Em pé e de mãos dadas, a comunidade une-se na comunhão com a Trindade e com todos os irmãos e irmãs.

Oração pela paz – "Senhor Jesus Cristo...". Na maioria das celebrações, todos rezam juntos. No entanto, conforme o missal, trata-se de um pedido que somente o presidente profere em nome de toda a comunidade.

Abraço da paz – recorda as primeiras comunidades cristãs que se despediam no fim da missa desejando mutuamente a paz, pois viviam em tempos de perseguição e de martírio. Fazemos desse rito um momento de muita alegria pela presença dos irmãos e amigos na mesma fé e caminhada.

Cordeiro de Deus – a comunidade reafirma o desejo de ser redimida do pecado, pelo sangue de Jesus Cristo, e passa assim a estar em mais profunda união com ele por meio da comunhão.

Comunhão – forma-se a procissão, que vai cantando ao encontro do Senhor. Ao receber a hóstia consagrada é preciso abrir as mãos e colocar a esquerda por cima da direita, para com ela levar a hóstia à boca imediatamente, ainda diante do padre ou do ministro. Porém, não é aconselhável pegá-la antes que seja pousada na palma da mão, para não correr o risco de deixar que ela caia. Ao retornar ao banco não é preciso ajoelhar-se, porque o mistério presente no sacrário agora está no próprio coração de quem comungou. Basta sentar-se para contemplar, agradecer e louvar a Jesus Cristo ressuscitado que nos une a si mesmo por meio da eucaristia.

Ação de graças – após o fim da procissão e do canto, segue-se um breve tempo de silêncio para a ação de graças individual.

IV) RITOS FINAIS

Deus nos envia

Local – a cadeira do presidente.

Oração após a comunhão – é a ação de graças comunitária ao Pai e ao Espírito Santo pelo dom de Jesus Cristo eucarístico. É rezada pelo presidente e acompanhada pela comunidade em pé. Em geral, após a oração se fazem as comunicações e avisos da agenda paroquial. Essas, porém, não fazem parte do rito da celebração eucarística.

Bênção final – o presidente, em nome de Deus, abençoa a comunidade e a envia em missão: "Ide em Paz e que o Senhor vos acompanhe". Esse é o significado da palavra missa. Entoa-se o canto de despedida.

C) Para ajudar nas confissões

POR QUE CONFESSAR-SE?

O sacramento da penitência ou reconciliação, que geralmente chamamos confissão, é uma realidade de conversão e de acolhida da misericórdia de Deus e do seu perdão. É a procura de recompor a unidade que podemos perder na caminhada da vida. Unidade entre o ser e o agir, entre o rezar e o praticar, entre o que é da terra e o que é do céu, entre nós, irmãos e irmãs, e o corpo místico de Cristo que é a Igreja. Somos criados para a unidade, mas nossa submissão ao pecado é uma força que nos divide e separa. O sacramento vem reatar em nós a comunhão que nasce do amor.

O QUE CONFESSAR?

Exame de consciência – sigamos dois mandamentos de Jesus e questionemos nossa vida:

1) Amarás o Senhor, teu Deus, de todo o teu coração (Marcos 12,30).
- Como vai meu relacionamento com Deus?
- Ele está em primeiro lugar em minha vida?
- Rezo, sei pedir e agradecer?
- Sei ouvir o que Deus quer de mim ou apenas sei fazer pedidos?
- Participo da Igreja? Vou à missa aos domingos?
- Rezo com minha família?
- Tenho vergonha de testemunhar aos outros a fé em Jesus Cristo?
- É de todo o coração que amo o Senhor Deus?

2) Amarás o teu próximo como a ti mesmo (cf. Marcos 12,33).
- Cuido da vida que Deus me deu (alimento, saúde, vícios)?

- Respeito o meu corpo como templo do Espírito Santo diante de tantos apelos do erotismo, do consumismo... escolho o que me faz crescer e rejeito o que me prejudica?
- Respeito o corpo, a dignidade, a honra das outras pessoas?
- Tenho em mim ódio, egoísmo, falsidade, rancor, inveja, calúnia, mentira?
- Feri e magoei alguém?
- Alguém perdeu a paz por minha causa?
- Como me relaciono com minha família?
- Quem me conhece pode dizer que tenho atitudes semelhantes às de Jesus? Ou contrárias?
- Respeito pessoas doentes, idosas, portadoras de necessidades especiais e necessitadas? Ou as desprezo e trato com indiferença?
- Só penso no dinheiro, na vaidade, no prazer e nas minhas ambições?
- Sou fiel?
- Respeito a natureza como jardim de Deus?
- Cumpro as responsabilidades que tenho: trabalho, estudo, família?
- Alguma vez deixei de respeitar a mim mesmo?
- Em que momentos não amo as pessoas com quem convivo?

ARREPENDER-SE

Agora, diante da imagem de Jesus Cristo crucificado que abre os braços para mim, entrego a ele minhas fraquezas e pecados. Ele me acolhe com misericórdia e ternura, abraça-me em sinal de perdão e liberta-me do pecado, por sua graça.

O que posso fazer para mudar o que precisa ser mudado em minha vida?

RITO DO SACRAMENTO DA PENITÊNCIA

Confissão dos pecados
- Diante do sacerdote, fazer o sinal-da-cruz.
- Dizer quanto tempo passou desde a última confissão.
- Apresentar os pecados dos quais se arrepende.
- Acolher a mensagem do padre e a penitência que ele sugerir.

Ato de contrição
Senhor Jesus! Arrependo-me sinceramente de ter cometido pecado, porque ofendi a vós que sois tão bom. Perdoai-me, Senhor, não quero mais pecar. Quero, com vossa santa ajuda, fugir das ocasiões do pecado. Senhor, tende compaixão de mim, pois pequei contra vós. Amém!

Absolvição
Em nome de Jesus Cristo, o sacerdote pronuncia a absolvição dos pecados, traça sobre o penitente o sinal-da-cruz e o envia em paz.

ORAÇÃO PESSOAL

Após a confissão, ajoelhar-se diante da imagem de Cristo crucificado para agradecer o perdão ou cumprir a penitência que o padre sugeriu.

D) O quadro *A volta do filho pródigo*

Inspirado no texto bíblico de Lc 15,11-32, o artista holandês Rembrandt pintou o quadro *A volta do filho pródigo*. Essa obra de arte, ao ser analisada em detalhes, pode inspirar uma reflexão que ajude a compreender o ensinamento da parábola.

A VIDA DO PINTOR

Rembrandt nasceu em Leydem, Holanda, em 1606, e morreu em Amsterdã, em 1669. Trata-se de um mestre da pintura que valorizou as cores em seu contraste claro-escuro. A vida dele passou por dois momentos marcantes que determinaram a produção artística. Na juventude era impetuoso, convencido, esbanjador, sensual, ambicioso e arrogante. Viveu um período de sucesso, no qual ganhou popularidade e riqueza, mas gastou muito e perdeu praticamente tudo. A vida desse artista entrou, então, em um período de crise e infelicidade. Envolveu-se em longos processos judiciais e perdeu todos os seus bens em leilões para cobrir dívidas.

Por volta dos 50 anos de idade, tendo experimentado tanto a prosperidade como o infortúnio, o pintor começou a tornar-se diferente. Reflexivo e ponderado, deixou para trás a vida superficial e conseguiu a paz de espírito. Os quadros pintados nessa fase expressam calor e interioridade e revelam que as provações não o deixaram amargurado, mas serviram para fazê-lo avaliar a própria vida, amadurecer e fixar-se no essencial. Ele passou a contemplar a natureza e o ser humano com maior profundidade e não mais pelas aparências. A mudança aparece de forma evidente no quadro intitulado *A volta do filho pródigo*.

DETALHES DO QUADRO

A tela *A volta do filho pródigo* retrata um homem de barba branca, revestido por um manto vermelho, na postura de acolhida a um jovem que está ajoelhado aos pés dele. A intimidade da cena é pintada com cores luminosas entre os dois personagens: o manto é vermelho cálido; a túnica do jovem é amarelo-dourada e, sobre os dois, paira uma luz misteriosa que os envolve.

O homem idoso toca os ombros do jovem, revelando o acolhimento do abraço de um pai para o filho. O rapaz descansa a cabeça no peito do pai com uma paz visível. Essa composição da cena bíblica revela o ato do perdão. O filho, abraçado pelo pai, é um homem pobre. Ele pediu sua herança antes do tempo devido, deixou a casa e resolveu viver a vida longe do pai e da comunidade, até perder tudo, arrepender-se e voltar. O quadro retrata o momento da chegada, no qual o jovem, sem saúde, sem dinheiro, sem reputação e sem, nem mesmo, amor-próprio, confia completamente na bondade compassiva do pai e espera ser acolhido. Traz a cabeça raspada, sinal claro de que está despojado de um dos traços de sua personalidade. Isso recorda a situação de um preso ou de alguém que serve o exército. O cabelo raspado torna todos iguais.

O pai usa roupas de tom carmim, que indicam nobreza, dignidade e *status*. O filho, ajoelhado, não tem agasalho. A roupa dele é parda e mal cobre o corpo. As solas dos pés foram marcadas pelo penoso caminho que ele percorreu. No pé esquerdo, a sandália está arrebentada, expressando sofrimento e miséria. O jovem nada possui a não ser uma espada, símbolo da dignidade que restou, porque é um emblema de sua origem nobre. Apesar de toda degradação, a espada faz o mendigo tomar consciência de que ainda tem um pai e recobrar a certeza de que pode pensar em voltar para casa.

CONCLUSÃO

A parábola bíblica e o quadro de Rembrandt complementam-se para revelar o valor das escolhas humanas, da responsabilidade que elas exigem e do drama que significa a liberdade de cada pessoa diante das opções que a vida oferece. É um convite para refletir sobre as decisões que tomamos na vida. Tudo depende de aceitar ou não o amor misericordioso e paterno de Deus.

2 – SUGESTÕES DE DINÂMICAS PARA ENCONTROS

Abre o olho

Objetivo: refletir acerca da consciência cristã dentro de uma sociedade cheia de contradições e conflitos.
Tempo: 20 minutos.
Materiais: dois lenços para vendar os olhos e dois chinelos ou cassetetes feitos com jornais enrolados.
Iluminação com a Palavra de Deus: possíveis leituras de Mc 10,46-52 ou Lc 24,13-34.

Desenvolvimento:

- Convocar dois voluntários, vendar-lhes os olhos e pôr-lhes na mão um chinelo ou um cassetete.
- Pedir que iniciem uma briga de cegos, para ver quem acerta mais o outro no escuro, enquanto o grupo assiste a encenação.

- Assim que se iniciar a "briga", tirar a venda dos olhos de um dos voluntários, sem que o outro perceba, e deixar que a briga continue.
- Depois de tempo suficiente para que os resultados das duas situações sejam bem observados, retirar a venda do outro voluntário.
- Abrir um diálogo sobre o que se presenciou e fazer um paralelo com o contexto da sociedade atual.
- Alguns questionamentos podem ajudar, como, por exemplo, perguntar aos voluntários como se sentiram e por quê. A seguir, dar a palavra ao grupo para que dialogue a respeito dos seguintes pontos:
- Qual foi a postura do grupo?
- Por quem torceram?
- O que isso tem a ver com nossa realidade?
- Quais as cegueiras que enfrentamos hoje?
- O que significa ter os olhos vendados?
- Quem estabelece as regras do jogo da vida social, política e econômica hoje?
- Como podemos contribuir para tirar as vendas dos olhos daqueles que não enxergam?

Apresentação

Objetivos: começar a integração do grupo e conhecer-se mutuamente, quebrar o gelo desde o princípio, demonstrar que todo membro do grupo é importante, sugerir uma primeira idéia dos valores pessoais dos membros participantes.
Tempo: 45 minutos, com um grupo de vinte a trinta pessoas.
Desenvolvimento:
- Sugerir às pessoas que não se conhecem que formem duplas e, durante alguns minutos, entrevistem-se mutuamente.
- Reunir o grupo todo e pedir que se apresentem: ninguém poderá apresentar a si mesmo, e, sim, à pessoa que entrevistou.
- Após a apresentação, abrir um diálogo a respeito da validade da dinâmica.

Artista

Objetivo: refletir a respeito da importância de sentir a presença de Deus na vida, pois sem ele tudo se torna confuso e "fora do lugar".
Tempo: 30 minutos.
Materiais: lápis e papel para todos.

Desenvolvimento:
- Distribuir o material, pedir que todos fechem os olhos e desenhem uma casa.
- Ir sugerindo que coloquem cada elemento da cena: janelas e portas da casa, uma árvore ao lado, um jardim, o sol, nuvens, pássaros voando, uma pessoa com olhos, nariz e boca...
- Por fim, pedir que escrevam: "Sem a luz de Deus Pai, Filho e Espírito Santo, tudo fica fora de lugar".
- Pedir que abram os olhos e fazer uma exposição dos desenhos.
- Abrir o diálogo a respeito da experiência e da frase que foi escrita.

A vela e o barbante

Objetivo: tomar consciência do chamado pessoal a viver a aliança de amor consigo, com os outros e com Deus.
Tempo: 20 minutos, com sete a quinze participantes.
Materiais: uma Bíblia, barbante, velas para todos os integrantes e mais uma para ser colocada no centro do grupo.
Desenvolvimento:
- Formar um círculo ao redor de uma mesa na qual estejam a Bíblia e uma vela acesa.
- A Bíblia deve estar amarrada com o barbante, que deve ainda ser suficiente para amarrar as velas de todos.
- Cada pessoa, com uma vela na mão, vai ao centro do círculo, passa o barbante em volta da vela, acende-a e, em seguida, entrega a ponta do barbante para outra pessoa, que dará uma volta em sua vela, também a acendendo, e assim sucessivamente.
- Quando todos estiverem enlaçados pelo barbante, ler o texto do evangelho de Jo 8,12.
- Abrir o diálogo para que todos partilhem o que sentiram com a dinâmica e tentem relacioná-la com o texto bíblico proposto.

Chocolate

Objetivo: refletir acerca da vida comunitária, da colaboração, da necessidade de superar o individualismo e da capacidade de trabalhar em grupo, em parceria etc.
Materiais: uma mesa, um bombom para cada participante, um cabo de vassoura para cada dois participantes e fita adesiva.
Desenvolvimento:
- Colocar os bombons em fila sobre a mesa.

- Organizar o grupo em duas turmas de número igual.
- Instruir a primeira turma para que ajude a outra somente se for solicitada (sem que a outra o saiba).
- Cada componente da segunda turma terá os braços presos com fita adesiva ao cabo de vassoura (passando sobre os ombros em forma de cruz).
- Pedir às pessoas com os braços presos que se aproximem da mesa, e às livres, que fiquem atrás, de modo que haja uma pessoa livre detrás de cada uma que está presa.
- Sugerir à pessoa presa que tente soltar-se e comer um bombom, usando os meios que considerar mais úteis.
- Após algum tempo, encerrar a dinâmica, distribuir bombons para quem não ganhou e iniciar o diálogo: Qual foi a experiência de quem estava amarrado? E a experiência de quem estava livre, esperando para ajudar e não foi solicitado?
- Concluir acentuando a importância da participação e da colaboração de todos.

Conhecendo o grupo

Objetivo: compreender os objetivos individuais e sua relação com o grupo.
Tempo: 20 minutos, com sete a quinze participantes.
Materiais: lápis e papel para todos.

Desenvolvimento:

- Pedir aos participantes que pensem nas atividades que gostariam de fazer nos próximos dias ou semanas (viagens, êxito em uma prova, atividades profissionais, familiares, religiosas etc.).
- Pedir a cada um que expresse seu desejo por meio de um desenho.
- Após 30 segundos, pedir a todos que parem e passem a folha para ser completada pelo vizinho da direita, e assim sucessivamente a cada 30 segundos, até que as folhas voltem à origem.
- Então pedir a cada um que descreva o que gostaria de ter desenhado e o que realmente foi desenhado na folha.

Dentre as conclusões a serem analisadas, destacar:

- A importância de conhecermos bem nossos objetivos individuais e coletivos.
- A utilidade de sabermos expressar ao grupo nossos desejos e nossas dificuldades em alcançá-los.
- O interesse em sabermos quais os objetivos de cada participante do grupo e de que maneira podemos ajudá-los.

- A validade do trabalho em grupo para a resolução de problemas.
- Outros.

Desenho

Objetivo: promover a união do grupo e o trabalho em equipe.
Tempo: 20 minutos.
Materiais: duas folhas de papel para cada participante, canetas hidrográficas, fita adesiva, cola e tesoura.
Desenvolvimento:
- Distribuir o material e pedir a cada pessoa que desenhe em uma das folhas uma parte do corpo humano, sem que as outras vejam o desenho.
- Após todos terem desenhado, pedir-lhes que tentem montar um boneco (na certa não irão conseguir, pois faltarão partes).
- Pedir-lhes que desenhem na outra folha as partes do corpo humano, desta vez planejando antecipadamente o que cada um irá desenhar e, depois, montando juntos o boneco.
- Terminada a montagem, iniciar o diálogo a respeito da experiência, das dificuldades e das soluções encontradas etc.

Dramatização

Objetivo: observar as características de cada pessoa e como elas se manifestam no comportamento.
Tempo: uma hora, com aproximadamente trinta pessoas.
Desenvolvimento:
- Expor brevemente um assunto e pedir a todos que o comentem, procurando imitar o modo de se expressar do colega da direita.
- O mesmo exercício poderá ser feito, deixando liberdade para que cada participante escolha o colega a ser imitado, cabendo aos outros reconhecê-lo.
- Abrir o diálogo acerca do que cada pessoa sentiu ao ser imitada e como se manifestam as peculiaridades da cada uma.

Exercício da qualidade

Objetivos: perceber as qualidades das pessoas e, ao mesmo tempo, descobrir em si aspectos positivos que eram ignorados.
Tempo: uma hora, com aproximadamente vinte pessoas.
Materiais: lápis e papel para todos.

Desenvolvimento:

- Acentuar o fato de que, na vida cotidiana, vemos com facilidade os defeitos e limites das pessoas e que nesse encontro iremos descobrir as qualidades.
- Distribuir papel e caneta a fim de que cada um escreva a qualidade que caracteriza a pessoa da direita.
- Pedir que ninguém escreva o nome da pessoa cuja qualidade descreveu, nem assine o próprio nome.
- Pedir que dobrem os papéis, recolher todos, embaralhar e redistribuir.
- Feita a redistribuição, pedir a cada pessoa que leia a qualidade que consta no papel recebido e procure identificar o colega que possui tal qualidade. Só se poderá escolher uma pessoa.
- Talvez a mesma pessoa do grupo seja apontada mais de uma vez. Por isso, no final, cada qual revelará a qualidade que escreveu para a pessoa da direita.
- Abrir o diálogo a respeito da experiência.

Entrevista coletiva

Objetivo: conhecimento mútuo.

Materiais: uma pequena caixa com papéis contendo perguntas a respeito de aspectos comuns da vida de qualquer pessoa.

Desenvolvimento:

- Pedir a uma pessoa voluntária que fique no centro do grupo e prometa responder sempre a verdade.
- Passar a caixinha com as perguntas para que cada participante pegue uma e a formule à pessoa entrevistada, que a responderá.
- A um intervalo de tempo determinado, pode-se revezar a pessoa que está no centro, mesmo que as perguntas ainda não tenham acabado.
- Quando as perguntas acabarem, promover um diálogo a respeito da experiência.

Jogos de bilhetes

Objetivos: exercitar a comunicação no grupo e identificar seus fatores.
Tempo: 20 minutos, sete a quinze participantes.
Materiais: pedaços de papel com mensagens e fita adesiva.

Desenvolvimento:

- Formar um círculo e colar uma mensagem nas costas de cada pessoa.
- Pedir que todos andem pela sala, leiam as mensagens nas costas dos colegas e tentem interpretá-las com gestos, sem que a pessoa saiba o que está escrito nas costas dela. Devem ler e interpretar o maior número possível de mensagens.
- Após algum tempo, pedir que voltem à posição original e que cada participante procure adivinhar o que está escrito em seu bilhete. Caso tenha dificuldade, o grupo poderá dar "dicas".
- Por fim, abrir um diálogo: O que dificultou ou facilitou a descoberta da mensagem? Que paralelo podemos fazer com a convivência diária entre nós?

Sugestões de bilhetes:

Briguei com a sogra, o que fazer?
Cante uma música para mim!
Gosto quando me aplaudem.
Sou muito carente. Dê-me um apoio!
Tenho piolhos. Ajude-me!
Dance comigo!
Estou com falta de ar. Leve-me até a janela!
Descreva-me um jacaré!
Ensine-me a pular!
Tem uma barata em minhas costas!
Dobre a minha manga!
Leia a minha sorte!
Preciso saber quanto eu peso!
Estou dormindo, acorde-me!
Sinto-me isolado, cumprimente-me!
Meu sapato está apertado. Ajude-me!
Quantos anos você me dá?
Quero um telefone. Que faço?
Meu filho urina na cama. Que faço?
O que faz o síndico de um prédio?
Sou sósia de quem?
Como conquistar um homem (uma mulher)?
Veja se estou com febre!
Chore no meu ombro!
É meu aniversário! Quero meu presente!

Palavra que transforma

Objetivo: refletir acerca da forma como acolhemos a Palavra de Deus em nossas vidas.

Materiais: um pedaço pequeno de isopor, um pedaço de giz, um vidrinho de remédio vazio, uma esponja e uma vasilha com água.

Desenvolvimento:
- Explicar que a água representa a Palavra de Deus e o objeto é a pessoa que a lê e ouve.
- Colocar a água na vasilha, mergulhar o isopor e observar o que ocorre com ele; fazer o mesmo com o giz, depois o vidro de remédio e, por último, a esponja.

Então, convidar cada pessoa a refletir:
- Permito que a Palavra de Deus transforme minha vida?
- Sou como o isopor que não absorve nada e também não afunda na água?
- Sou como o giz que guarda a água para si, sem partilhar com ninguém?
- Ou sou como o vidro, que retém a água só para passá-la aos outros, mas sem guardar nada para si?
- Ou, ainda, sou como a esponja, que se deixa preencher toda de água e espremer para que outros possam servir-se da água?

Iluminação bíblica: Is 40,8; Mt 7,24; 2Tm 3,16.

Partilha

Objetivo: observar o quanto as pessoas interpretam os fatos segundo a própria experiência.

Tempo: 30 minutos, com aproximadamente dez pessoas.

Materiais: lápis ou caneta e uma folha de papel em branco para cada participante.

Desenvolvimento:
- Formar um círculo e distribuir papéis e canetas.
- Pedir a cada um que descreva uma cena qualquer, simbolizando o seu cotidiano dentro da comunidade.
- Após 2 minutos, pedir que o papel seja passado para a pessoa à esquerda, a fim de que conclua a descrição da cena.
- Após 2 minutos, pedir que os papéis voltem aos donos e cada um leia a cena que descreveu e diga se o final foi ou não semelhante ao que havia imaginado.

Apresentação – riqueza dos nomes

Objetivo: ajudar na apresentação e na memorização dos nomes de pessoas que ainda não se conhecem.
Tempo: 30 minutos.
Materiais: tiras de papel, caneta hidrográfica de ponta grossa, papel grande para colagem e cola.
Desenvolvimento:
- Pedir a todos que andem pela sala, olhando-se em silêncio, ao som de uma música.
- Ao cessar a música, formem duplas e cumprimentem-se com um gesto, em silêncio.
- Recomeçar a música e pedir às duplas que andem pela sala.
- Suspender a música e pedir a duas duplas que se cumprimentem e formem um grupo de quatro pessoas.
- Distribuir as tiras de papel e canetas para todos e pedir a cada um que escreva seu nome.
- Distribuir para cada grupo um papel grande e cola. Após mostrar o nome para os componentes do grupo, pedir a cada um que rasgue a tira e separe as sílabas.
- Sugerir a cada grupo que monte uma palavra, uma frase ou um acróstico com as sílabas e a cole, fazendo um cartaz. Exemplo: Anderson + JÚlio + DAiane = Ajuda
- Deixar que cada grupo apresente os nomes dos componentes e a frase ou palavra que criou.

Ser Igreja

Objetivo: fazer a avaliação da caminhada da catequese.
Tempo: 10 a 15 minutos.
Materiais: uma folha de papel para cada participante.
Desenvolvimento:
- Distribuir as folhas e pedir a todos que as movimentem, formando uma sinfonia com o ruído do papel.
- Refletir: essa alegre sinfonia significa nossa caminhada na catequese.
- Pedir às pessoas que façam outras reflexões, comparando a catequese com o som e o movimento das folhas de papel.
- Sugerir a todos que amassem as folhas nas mãos e, com elas bem amassadas, tentem repetir a sinfonia de sons, o que não será possível.

- Refletir: no decorrer do tempo, as dificuldades, fofocas, reclamações, atritos etc. nos fazem perder a motivação.
- Deixar que as pessoas façam outras reflexões a respeito das dificuldades da catequese e de como elas podem ser superadas.

Terremoto

Objetivo: refletir acerca da competição, da luta por melhores lugares, da realidade social, da exclusão, da cooperação etc.

O número de participantes deve ser múltiplo de três mais um. Ex: 22 (7 x 3 = 21 + 1).

Tempo: 40 minutos.

Materiais: nenhum, apenas um espaço grande onde todos possam se movimentar. Quanto maior for o espaço, melhor será a dinâmica.

Desenvolvimento:
- Organizar grupos de três pessoas e deixar uma pessoa de fora.
- Cada grupo representará uma casa com duas paredes e um morador.
- As paredes, de frente uma para a outra, irão dar-se as mãos (como no túnel da quadrilha), formando uma casinha, dentro da qual ficará o morador.
- A pessoa que ficou de fora deverá gritar uma das três opções: MORADOR! – todos os moradores devem sair da casa em que se encontram e ir para outra.
  PAREDE! – as paredes devem trocar de lugar, enquanto os moradores permanecem parados.
  TERREMOTO! – todos trocam de lugar ao mesmo tempo: quem era parede pode tornar-se morador e vice-versa.
- A cada troca, a pessoa que está no meio deve correr para ocupar o espaço de alguém. Quem ficar de fora será o próximo a gritar.
- Após algum tempo, reunir o grupo e iniciar o diálogo:
  Como se sentiram os que ficaram sem casa?
  Os que tinham casa pensaram em ceder o lugar a quem estava no meio?
  Sentimo-nos excluídos no grupo? Na escola? No trabalho? Na sociedade?
  Competimos e excluímos? Brigamos por espaço?

Misturar ou não

Objetivo: refletir acerca da participação de cada pessoa na comunidade. Fazer uma avaliação etc.

Tempo: 20 minutos.

Materiais: três copos com água, um punhado de areia, um pouco de óleo e um pouco de vinho ou suco vermelho.

Desenvolvimento:
- Dispor, em lugar visível, os três copos com água.
- Pedir a alguém que misture algumas gotas de óleo no primeiro copo, areia no segundo e o líquido colorido no terceiro.
- Iniciar o diálogo para que as pessoas interpretem o que viram, traçando paralelos com a vida em comunidade e com os tipos de pessoas que nela convivem.

Troca de um segredo

Objetivo: fortalecer o espírito de amizade, confiança e mútua ajuda entre os membros do grupo.

Tempo: 45 minutos, com quinze a trinta pessoas.

Materiais: lápis e papel para todos os participantes, um recipiente para recolher os papéis dobrados.

Desenvolvimento:
- Distribuir papel e lápis e pedir a cada um que escreva algum problema, angústia ou dificuldade por que está passando e não consegue expressar oralmente. Recomendar que os papéis não sejam identificados, a não ser que a pessoa o queira.
- Pedir a todos que dobrem os papéis. Depois, recolha-os e redistribua-os.
- Sugerir a cada pessoa que procure encontrar uma solução para o problema que recebeu por escrito.
- Após alguns minutos, deixar que cada um exponha o problema recebido por escrito e a solução que previu. Essa etapa deve ser realizada com bastante seriedade. Não são aconselháveis quaisquer comentários ou perguntas.
- Em seguida, abrir um debate com relação aos problemas colocados e às soluções apresentadas.

BIBLIOGRAFIA

Donzellini, Mary. *Fé, vida, comunidade.* São Paulo, Paulus, 1994.

Eicher, Peter. *Dicionário de conceitos fundamentais de teologia.* São Paulo, Paulus, 1993.

Gass, I. B. *Uma introdução à Bíblia, porta de entrada.* São Paulo, Paulus, 2002.

Konings, J. *Hebreus.* São Paulo, Loyola. 1995.

_____. *João.* São Paulo, Loyola. 1994.

_____. *Marcos.* São Paulo, Loyola. 1994.

Mazzarolo, I. *A Bíblia em suas mãos.* Porto Alegre, EST Edições, 1998.

_____. *Lucas,* São Paulo, Loyola, 1995.

Mckenzie, John L. *Dicionário bíblico.* São Paulo, Edições Paulinas, 1984.

Mesters, C. *Abraão e Sara.* Petrópolis, Vozes, 1992.

_____. *Deus, onde estás?* Petrópolis, Vozes, 1998.

Sab – Serviço de Animação Bíblica. *O alto preço da prosperidade:* Monarquia unida em Israel. São Paulo, Paulinas, 2001.

_____. *Bíblia, comunicação entre Deus e o povo.* São Paulo, Paulinas, 2001.

_____. *As famílias se organizam em busca da sobrevivência.* Período tribal. São Paulo, Paulinas, 2001.

_____. *O povo da Bíblia narra suas origens.* São Paulo, Paulinas, 2001.

_____. *Terras bíblicas:* encontro de Deus com a humanidade. São Paulo, Paulinas, 2001.

Sagrada Congregação para a Doutrina da Fé. *Catecismo da Igreja Católica.* São Paulo, Loyola, 1998.

Vitório, J. *Mateus. São Paulo, Loyola, 1996.*

SUMÁRIO

APRESENTAÇÃO 5
I – A HISTÓRIA DO POVO DE DEUS 7
   1 – A BIBLIOTECA DE DEUS PARA NÓS 8
      A) O significado da palavra *bíblia* 8
      B) A divisão dos textos 8
      C) Quando a Bíblia começou a ser escrita 8
      D) As línguas da Bíblia 9
      E) As traduções 9
      F) Bíblia "católica" e Bíblia "evangélica" 9
      G) Os livros apócrifos 9
      H) O simbolismo bíblico 10
   2 – DEUS SE COMUNICA EM NOSSA LINGUAGEM 10
      A) Inspiração divina 10
      B) Autores humanos 10
   3 – DEUS SE REVELOU AO POVO DE ISRAEL 11
   4 – AS ORIGENS: OS RELATOS DA CRIAÇÃO 12
      A) A primeira narrativa (capítulo 1 do Gênesis) 12
      B) A segunda narrativa (Gn 2,4bss) 14
      C) O "não" do coração humano – o pecado (Gn 3,1-24) 14
   5 – DEUS RENOVA A ALIANÇA (GN 6,5-8) 15
   6 – PATRIARCAS, OS PAIS DA FÉ (GN 9,1;10,1- 32; 12,1-5.18) 16
   7 – REFLETIR POR MEIO DE DINÂMICAS 18
      1) Os bichos 18
      2) Os jornais 18
      3) Disponível como a argila 18
   8 – MOMENTO DE ESPIRITUALIDADE 19
      Salmo 8 – O ser humano reflete em si a grandeza de Deus 19
      Celebração da luz – Os sete dias da Criação (Gn 1,1-31; 2,1-7) 19
   9 – AVALIAÇÃO 20
II – ÊXODO: O CAMINHO DA LIBERTAÇÃO 21
   1 – DA ESCRAVIDÃO PARA A LIBERDADE 22
      A) A opressão no Egito 22
      B) A libertação com Moisés, o líder do Êxodo 22
      C) Quem é esse Deus? 23
      D) O projeto da libertação 23
   2 – O DEUS DA ALIANÇA 24
      A) A coragem de sair 24
      B) O Deus do Sinai 24
      C) A fé em ação 25
   3 – O DESERTO, CAMINHO PARA A VIDA NOVA 26
      A) As dificuldades da caminhada 26
      B) O risco da liberdade 26

  4 – OS MANDAMENTOS, CONSTITUIÇÃO DO POVO DE DEUS 27
    A) Uma constituição diferente 27
    B) Reler hoje os mandamentos 28
  5 – RESUMO 29
  6 – ESTUDANDO MAIS 29
  7 – PARA AJUDAR NA CATEQUESE 30
    Sugestão de leitura 30
  8 – REFLETIR POR MEIO DE DINÂMICAS 30
    As cordas 30
  9 – MOMENTO DE ESPIRITUALIDADE 31
    O Credo de Israel – A Palavra se faz oração 31

III – JUÍZES, REIS, PROFETAS, EXÍLIO E VOLTA 33
  1 – DEFENSORES E CONSELHEIROS DO POVO, OS JUÍZES 34
    A) Líderes na fé e na organização 34
    B) Débora, a sábia da árvore 35
    C) Samuel, o juiz profeta 35
  2 – ISRAEL QUER UM REI, O TEMPO DA MONARQUIA 35
    A) Saul, o primeiro rei 36
    B) Davi, tão forte quanto frágil 36
    C) Salomão, o "sábio" que permitiu a idolatria 37
  3 – ALGUÉM PRECISA DENUNCIAR E ANUNCIAR, OS PROFETAS 37
    A) O significado da palavra *profeta* 37
    B) Quem são os profetas 38
  4 – OS LIVROS DO EXÍLIO 42
  5 – O RETORNO A JUDÁ 43
    A) A reconstrução do judaísmo 43
    B) Judá no período pós-exílico, a terra que acolhe a todos 44
    C) Deus continua presente – Os livros pós-exílicos 45
  6 – REFLETIR POR MEIO DE DINÂMICAS 46
    Coração de pedra (gelo) (Ez 36,25-28) 46
    Os artistas 47
  7 – MOMENTO DE ESPIRITUALIDADE 47
    A súplica da rainha Ester (Est 7,1-7) 47
  8 – AVALIAÇÃO 48

IV – JESUS, DEUS CONOSCO 49
  1 – DEUS ENVIA SEU FILHO 50
  2 – A PROMESSA DO MESSIAS 50
  3 – A VIDA ANÔNIMA DE JESUS EM NAZARÉ 51
  4 – A VIDA PÚBLICA DE JESUS 52
  5 – A CRUZ 53
  6 – A RESSURREIÇÃO 55
  7 – RESUMO 55
  8 – REFLETIR POR MEIO DE DINÂMICAS 57
    Dobradura 57
    Gravura 58

9 – MOMENTO DE ESPIRITUALIDADE 58
    Jesus é luz 58
10 – AVALIAÇÃO 59
    Por que é necessária a avaliação? 59
    Como podemos avaliar? 59

V – SEGUIR JESUS, A MISSÃO 61
1 – CONTINUEM A OBRA DE JESUS, A IGREJA 62
2 – O ESPÍRITO SANTO VEM 62
3 – SINAIS DO ESPÍRITO SANTO NO LIVRO DOS ATOS 63
4 – OS PILARES DA VIDA EM COMUNIDADE 64
5 – O NOVO RUMO DO ESPÍRITO (O CONCÍLIO DE JERUSALÉM) 65
6 – O TESTEMUNHO ATÉ OS CONFINS DA TERRA 66
7 – OS DESAFIOS À IGREJA 66
8 – O SIGNIFICADO DA PALAVRA *CATÓLICO* 67
9 – A TRADIÇÃO APOSTÓLICA E O MAGISTÉRIO DA IGREJA 68
10 – REFLETIR POR MEIO DE DINÂMICAS 68
    Qual é o nosso rosto? 68
11 – MOMENTO DE ESPIRITUALIDADE 69
    Chamado a ser apóstolo 69
12 – AVALIAÇÃO 69

VI – ANEXOS 71
1 – CATEQUESE LITÚRGICA 72
    A) Missa, a ceia do Senhor e da comunidade 72
    B) Roteiro da celebração eucarística 74
    C) Para ajudar nas confissões 77
    D) O quadro *A volta do filho pródigo* 79
2 – SUGESTÕES DE DINÂMICAS PARA ENCONTROS 80
    Abre o olho 80
    Apresentação 81
    Artista 81
    A vela e o barbante 82
    Chocolate 82
    Conhecendo o grupo 83
    Desenho 84
    Dramatização 84
    Exercício da qualidade 84
    Entrevista coletiva 85
    Jogos de bilhetes 85
    Palavra que transforma 87
    Partilha 87
    Apresentação – riqueza dos nomes 88
    Ser Igreja 88
    Terremoto 89
    Misturar ou não 89
    Troca de um segredo 90
BIBLIOGRAFIA 91

Rua Dona Inácia Uchoa, 62
04110-020 – São Paulo – SP (Brasil)
Tel.: (11) 2125-3500
http://www.paulinas.com.br – editora@paulinas.com.br
Telemarketing e SAC: 0800-7010081